20位成功淘宝卖家

陆 炯 主编

上海书店出版社
SHANGHAI BOOKSTORE PUBLISHING HOUSE

编 委 会

序一
Preface

未来十年

过去十年多的时间，我们想在中国证明一件事情：互联网在中国有希望，互联网将完善中国、推进中国的发展。我们坚信电子商务会存在，电子商务在中国会发展。

到今天为止，前十年电子商务也好，互联网也好，我们只证明它存在。但是，互联网和电子商务到底是否可以影响未来？对我们的生活有多大的改变？未来十年将会发生怎样巨大的改变？未来十年，企业如果不开展电子商务业务，将无“商”可图。

十年以后的商业会跟今天完全不一样，十年后见到的企业家跟今天是完全不一样的。20 世纪，企业取胜靠标准化、规模化，但是现在这个世纪，小企业靠灵活和创新取胜。今天的微软、阿里巴巴、Google，十年、二十年前都是小企业。十年后的成功者一定是 20 世纪八九十年代出生的人，而且成功者会越来越年轻。我这样告诉自己：假如不改变，怎么会有我们的机会?!

21 世纪将不再是粤商、晋商、浙商的天下，最流行的商人将是网络商人。他们没有地域差别，都是年轻人，且充满激情，充满变化和挑战。下一代杰出的民营企业家，将会在现在“80 后”、“90 后”的这批年轻网络商人中诞生。这批年轻人，更有知识，更懂得诚信，更懂得开放和分享。我相信未来的时代属于年轻人，未来的时代属于今天“80 后”、“90 后”的企业家们。

我们"80后"、"90后"做了很多有意义的事情。我们公司90%以上的员工是"80后",他们创办的公司连他们的父母想都不敢想,几千亿的市场,几千亿的革新。年轻人做任何事,都要很傻、很天真地坚持下去,因为有坚持就会有奇迹。

淘宝早期是把线下传统渠道的货放到网上来卖。现在,出现了一种趋势:消费者按需定制,厂商柔性生产。这才是改变商业文明、创造新的商业文明,才是颠覆沃尔玛的时代。

我们必须改变自己产品的设计,改变渠道的推广方式。必须改变创新设计的能力,以消费者为导向,柔性化生产;定制化生产将会被取代,让所有的消费者得到个性化的产品。我相信,这才是未来时代的需要。

现在淘宝上的淘品牌历史不超过三年,创业者大多都是白手起家。项目启动时,没有天使投资注入,没有深广的社会人脉资源,甚至没有互联网营销经验;但借助于淘宝的平台,大部分的淘品牌年增长率都超过300%。

我们也看见,随着这些淘品牌的成长,从当初销售质优价廉的网货起家;有一定规模后,他们开始整合生产和供应链,以保持自己的核心竞争力。他们下一阶段,就是在消费者心中树立起品牌形象。

我们的淘品牌,要"眼睛盯上自己"。门口的客户都没做好,就想做天下的生意,那是做不起来的。不要先想着做强自己的品牌,而应该先想着做好自己的服务,做好门前的客户,做好自己的口碑。

品牌有些基本的原则。第一,"品"字三个口。首先是众口说你好,才真正叫品牌。第二个要有品位。第三个要经得起品。品牌是客户说好,品牌要有品位,要经得起品,这些是基本规则。

未来战略,重要的是去盯上年轻人,帮助年轻人,有年轻人就有成就预期。所以,我们所有人,要客户第一。今天网上做生意,你们不要追求多大的营业额。没有利润你走不远，片面追求利润你将来会很痛苦，重要的是积累客户数。

我们这批人在创造至少前面没有人做过的事情——我们想创造一个新的商业文明，不再以自我为中心、以赚钱为目的。我们的网商以其开放的心态，诚信经营和负责任的企业家的形象，成为新商业文明时代的典型代表。下一代企业家，他们在电子商务的环境中，更有知识和懂得开放。我呼吁所有网商、包括“80后”、“90后”，一起来建设新的商业文明。

阿里巴巴集团董事局主席

2010年7月

序二 Preface

梦想·激情·责任

值此《财富人生》节目合作淘宝商城共同推出《淘宝商城的财富传奇》这本书的时候，我们淘品牌之一的O. SA女装在淘宝商城一天的销售额超过了一百二十万元，这对于O. SA女装品牌的创造者——一对平凡的夫妻创业者来说，是他们生命中的一个奇迹。而发生在他们身上的故事，正是那些依托互联网产生、发展起来的原创品牌们的一个缩影。对于过去两年里在“淘宝商城”成长起来的近百个淘品牌而言，利用电子商务的飞速发展，借助于互联网营造出令千百万消费者喜爱的网络原创品牌，它们真是这个时代的奇迹。

在整个采访中，我们看到淘品牌的创造者们大多为“80后”。他们对时代感恩，对未来充满激情；相比上一代的财富拥有者，他们更加“开放、分享、有责任”而且时尚。他们的财富观念，已经不仅是积累，而是要将他们积极、乐观、时尚的生活态度，传导到他们创造的品牌上。每一次和他们交谈，每一次访问他们的工厂，我都被他们这种创业的激情和投入所感动。我相信在他们中间，一定会有一些人脱颖而出，成就自己的梦想，依托这个信息时代创造出传世的品牌。

在过往的时间里，我接受采访被问过很多次这样的问题：如何看待今天的电子商务？如何看待淘宝商城孕育出淘品牌这种现象？

我想说，电子商务一定是电子和商务的完美统一。以这些淘品牌为例，做得好的都是在电子和商务的结合上取得了比较完美的统一。他们既懂得所经营的商品品类，又了解互联网营销的特点。互联网的出现，使得一个品牌的被认知建设周期大为缩短。在互联网上开一家店就等于在全国各地开店，全国甚至全世界的顾客可以在任何只要能上网的地方，就能买到你的产品。而在淘宝上成长起来的这批创业者，他们最懂互联网，他们最贴近消费者。靠着梦想的支撑，靠着勤奋地工作，他们迅速地完成了从“卖家”到“商家”、从作坊式运作到企业化运作、从产品经营到品牌经营的蜕变。

这次淘品牌们做客《财富人生》，我相信这也是《财富人生》这个历时九年的名牌栏目所躬逢的一次盛会。和以往很多做客《财富人生》的大企业家们、大富豪们不同，这些淘品牌们都只是刚站在他们事业的起点上。在物质上可能他们不是那么富有，但是他们却拥有最宝贵的财富：梦想、激情和责任感。淘宝商城的存在价值，就是为这些淘品牌们提供一块成长的土壤，帮助他们成就各自绚烂多彩的财富人生！

淘宝网 CFO、淘宝商城总经理
2010 年 7 月

目录

Contents

第一辑

网上创牌

淘品牌

叶军艺

厦门香水树饰品有限公司设计总监、麦琪美饰品牌创始人
【淘宝商城名】Match's 饰品旗舰店

早年曾任职施华洛世奇中国公司高管，仗着练就的时尚触觉，她走在了创业的路上。2007 年，由职业经理人转型成为自由设计师；创立麦琪，入驻淘宝商城，成为全职网商。麦琪美饰定位于“优雅女孩，可爱女人”。设计中常以细腻手法糅合童话元素，饰品极富个性魅力。心灵手巧的她，喜欢手工和设计。她设计制作的“麦琪娃娃”，在网上一经推出就受到网友的热捧，不到一个月就走红网络。入驻淘宝商城以来，迅速成长为淘宝饰品类的人气品牌，并成为一线杂志《昕薇》、《瑞丽》的合作品牌。

余启明

国货护肤品牌“植物语”创始人
【淘宝商城名】 植物语凌鼎专卖店

大学毕业后，他带着憧憬进入社会科学院，四年后耐不住寂寞，就下海投入房地产大潮。岳父所开创的事业原本是社办工厂，以化妆品原料设备的生产制造、出口贸易为主。但是，金融危机造成外企有大量“悔单”。

带着背水一战的心态，余启明开始创建新品牌的试水。他立足网络，尤其是借助淘宝商城的力量，探索出一条“网上创牌”的新路。2008 年末，“植物语”进驻淘宝商城；2009 年 11 月，单店日销量已突破 30 万元。

设计的价值

叶蓉: 我注意到你今天戴了一条非常漂亮的项链,是自己设计制作的吗?

叶军艺: 对,是自己设计的。我是在一次香港亚太珠宝展上看到的,然后一直找就找了三年。去年,去东京玩的时候就发现了这个东西。刚开始写电子邮件去的时候,人家不理你,他觉得中国是一个制造低端产品的国家,他会说这个东西你用不起。我写了很多次邮件,最开始找的是代理商。他说对不起,我觉得我们的价位不适合你。我说,我是很有诚意要做这件东西,我也真的很想买,我们的采购量不会太小。他说,那好吧。你把你们的网站、你们公司的规模等都给我报一下。

我就把所有的东西都报过去了。第二封邮件来了,还是说对不起,我觉得我们价位并不适合你,你们的东西太低端了。我是一个骨子里面可能就有一点点偏执,也可以说坚持的人。就一直持续不断地去给他写信,到后面,我也不知道是那位日本先生他烦了呢,还是说被我感动了。终于,他把我的邮件转给了原厂商。结果,转过去之后很幸运。他们说,我们可以卖给你。

叶蓉: 如果是一个欧洲、美国或者其他发达国家一个市场比较成熟的采购商,我相信情况会截然不同。我想问一下你,这个珠子是一颗颗这样买来的？

叶军艺：对，一颗颗买回来的。

叶蓉：那么，大概的售价是多少？

叶军艺：这个东西，我只能说它的单价跟施华洛世奇的水晶是差不多的。

叶蓉：那么，在制成成品，经过你的创意设计之后，这样一条项链在你的网站上多少钱一条？

叶军艺：这一条，我记得应该是卖一百六十八块钱。

叶蓉：还好啦，可以接受。其实，相对于叶军艺所从事的这样一个女性装饰品，就是饰品的这样一个行业；我觉得，余启明你是不是幸福感要强烈很多。因为化妆品市场是非常大的，而且每年的增长速度也是非常惊人的。

余启明：我从2004年下半年进到企业里面，我看到很多品牌一个个起来，但也看到品牌一个个不断倒下。

叶蓉：你岳父的厂具体生产什么样的产品，是属于化妆品当中的哪一样原料？

余启明：主要是一些膏体。一瓶化妆品里面，基本上80%到85%是水和油，经过乳化形成膏体或者说乳化剂。然后，我们根据要求做一些调整和添加。

叶蓉：那另外的15%是什么？

余启明：可能有些化妆品那15%就没有了，它不需要添加。但也有些比较知名的品牌或者是比较高端的品牌，会添加一些比如玻尿酸，用来美白、保湿，实现一定的功能。但最基础的料，其实真的都是大同小异的。很多人聊到化妆品，都觉得原料很高科技，其实完全不是这样。

叶蓉：我看过许多让人眼花缭乱的广告。

余启明：对。对我们来说，化妆品的原料从世界各地采购过来，然后按一定的比例、一定的配方，把它们调剂起来。通过乳化、高温、高压，出来的产品其实区别是不大的。

叶蓉：我想，电视机前几乎所有的女性观众和一部分男性观众都会大量接触到化妆品。化妆品的价格差异是惊人的，几千块钱的护肤品不鲜见。当然，几十块钱或十几块钱你也可以买到。如果说85%的成分都是一样的话，那产品的差异在哪里？

余启明：我们经常会说所谓的，有些东西是超市货，有些东西是专卖店专柜的货，甚至有些我们称之为"院线的产品"。同样是水，同样是油，可能更多的一些用比较普通的矿物油，好一点的开始用植物油。植物油里面也有差一点的，比如棕榈油，好一点的葡萄籽油，决定了它们之间的差异。然后，还有15%的核心添加剂的区别，比如，玻尿酸这样一个产品。它已经比较成熟，有很多种的制作方法：第一种，是生物提取，牛的眼睛里面提取，最初它是从这里面发现的。第二种，日本人的方法叫纳豆发酵法，用纳豆发酵，成本明显已经降低很多。还有第三种方法，化学合成，成本又更低了。

叶蓉：我不知道叶军艺有没有这种体会，我很少去看我买的这个化妆品，它的原料是不是从牛眼睛里面提取的。

余启明：这个厂家是不会告诉你的。

叶蓉：叶军艺，你在买这种护肤品的时候知道吗？会去关注吗？

叶军艺：我通常不会去看，因为看一排下来，看完以后也是晕的。

叶蓉：我觉得，我的习惯是会一直用某个牌子，它有新产品我可能去试试看，看看有没有不良的反应。

余启明：这点其实是非常重要，就是品牌忠诚度的问题。不可能每个消费者都知道化妆品里面的成分，并且这个成分是从什么渠道来制备的。

叶军艺：这个属于商业机密吗？

余启明: 谈不上商业机密,只是每家厂商的用法是不一样的。因为制备的方法途径不一样,导致它成本的差异。

叶蓉: 雾里看花,我听得一头雾水。其实,我们看到一个高端的品牌是不是大量的钱都用在砸市场,请明星做市场营销的铺垫?

余启明: 对啊。但是化妆品就是这样一个市场,一定程度上它需要大量的广告堆积出来。坦率来说,很多女孩子她不知道自己真正需要什么样的化妆品。

叶蓉: 那你是在戳破一个神话吗?实际上,我们花的好多钱都不值啊。

余启明: 我不能说戳破这个神话,我是用一种相对而言比较平易的方法去接触我的消费者,我依托网络这个渠道。所以,没有大量地做广告的投放。因为我希望有一些精确式的打击,类似于巡航导弹一样。我知道我的客户具体在哪里,我通过一些网络上的交付手段,直接到达他们手里,这样对我来说成本就低很多。然后,效率可能是和传统广告类似的。

创 造 之 路

叶军艺: 我的创业是从一次闲逛开始的。无意中进了一家商店,进去之后,我看到四只鹦鹉特别漂亮,站在一个水晶的台子上。反正女孩子嘛,不管买得起还是买不起,先进去看看再说。结果,旁边有一位先生在挑礼物。我记得特别清楚,这么高的水晶高脚杯,我当时不知道它是水晶的就觉得它只是玻璃杯。那位先生说,给我包起来吧。店员说,好的。先生,八千八,这边刷卡。我当时就目瞪口呆,觉得怎么可能这么贵,这确实是我走入奢侈品牌的一个契机。刚好一个月之后,我发现报纸上有这家品牌的招聘,结果,我莫名其妙就进去了。就是这样子。

叶蓉: 顺利通过面试。

叶军艺: 对。我觉得像余启明讲的，不管是奢侈品也好化妆品也好，它其实在通路上所花的经费比原材料要贵得多。我的概念是羊毛是出在羊身上，我们为什么不可以用一种更平易近人的方式，或者说更直接的方式来跟消费者来接触呢?

叶蓉: 那我觉得，用通俗一点的话来讲，余启明你是"富二代"这样一个群体。父辈已经打下了很好的事业基础，你为什么还觉得要创立自己的品牌呢？因为听上去，你并不是由于生存上的压力。

余启明: 最初，我们一直是为人做原料代工，做半成品。我们出去的东西有部分是论吨，至少也是论百公斤这样出去，一个一个大桶出去的。差不多一个大桶到厂家那边重新罐装、包装以后，成为三十毫升或者一百毫升一小瓶，一小瓶价格几乎是与一大桶差不多的。我们平均的利润差不多是在8%左右吧。

叶蓉: 可能与许多"中国制造"相比还算高的。

余启明: 在化妆品这个行业算不错的。但是，我要承担各项的税费，承担工资变化的风险，还有各种原材料价格的变动，最后我还要背一些骂名。万一产品有质量问题，我还要承担很大的风险。但是对于厂家来说，它获取90%以上的利润。因此所谓的奢侈品行业光环完全是在它们头上的，而我们有时候就承担"血泪工厂"这样一个恶名。把浮华的奢侈品行业剥开来，内部生产这个领域是很辛苦的，完全没有任何暴利可言。我们只是觉得，做了这么多年，我们有原料、有生产配方、有技术、有好的工艺，为什么不可以做做看自己的品牌。

叶蓉: 配方哪里来？这牵扯到商业机密吗?

余启明: 可以说，90%以上市面上可见的一些化妆品，它的配方差异并不像我们想象中的那么大。原料配方上面的差异可能就5%到10%，实际功效上的差异实际也只占5%到10%。

叶蓉: 如果说，女性的装饰品，我可以喜欢你这条项链我就买了，这件衣服我觉得好看我就买了，可是化妆品是有品牌忠诚度的。从这个角度来讲，你要自己去创立一个品牌的话，是不是投入的时间会很长？

余启明: 如果是走传统渠道的话，的确需要很长的时间。这就是为什么我们在 2004、2005 年的时候，已经完全具备做一个品牌的条件，但是一直没有下定这个决心。后来因为有金融危机的影响，又有网络上创牌的一个契机，所以我们走出了这一步。发展的速度远远超出我们自己的预想，有些东西，我们其实是被网络带着走的。

叶蓉: 雇佣网店的雇员跟实体店的员工有些什么样的不同呢？在网上进行销售，网上进行售后服务有什么特别之处吗？

余启明: 有很多不一样的地方。首先，响应的速度、规范化的程度不同。线下的专卖店的店员，她对美容产品应该有自己的一些想法，然后自己比较能说会道，去吸引客户。而线上的我们，对客服的要求更多的是规范化、标准化。客户过来问，你可以自己发挥，但是你千万不要超水平发挥。因为对方直接到搜索引擎上一搜就知道说的是不是有夸大，只要有那么一点点的夸大，对你的信任度就马上下降。

叶蓉: 我知道你们的客服对客户的称谓是特定的。

余启明: 客户的称谓实在是太有趣的一件事情。我们一般淘宝上交谈，用的开头至少是“亲爱的”吧，或者说“朋友啊”等等，后来直接简化到一个字“亲”。

叶军艺: 我们刚开始的时候，觉得这个字很麻，但后面也就习惯了。上来不管是谁，男的、女的、老的、少的，先“亲”一把再说。

叶蓉: 我不多的几次网购经历。去跟这个卖家联系，她一下子就好像跟你特熟，会很关心你，你的很多细微的心理变化她都在关注。而且说实话，如果真的让人与人面对面那么麻的话呢，没人受得了。

叶军艺: 隔着网络还不错，而且你会觉得她很贴心。其实，真正好的客服，一定是这种类型的。她可以跟客人的距离拉的很近，好像是为你一个人在服务；其实，可能那个线上旺旺同时聊的有五六个、七八个。

叶蓉： 真的有点八面玲珑的那种感觉。

余启明： 有些客服，现实中的状态和在网上表现出来的完全不同。

叶蓉： 这就是网络的魅力。

余启明： 我这边几个最好的客服人员都是男性。但是在网络那一端，你会觉得他是一个很贴心的姐妹，跟你有同样的皮肤方面的问题，他很了解你。今天晚上有一个约会啊，应该怎么怎么解决这个问题啊，他跟你完全是感同身受，但其实他是一个大男人。

叶蓉： 余启明毕竟比常人多了一副拐杖，因为你有传统制造家族企业这一块。军艺呢？你当过高级职业经理人。一对"玻璃杯"卖到这么高的价格，然后你真的就加入他们？

叶军艺： 我真的就加入他们，因为我当时是抱着一种无所谓的心态去做这件事情。人家就说，请问你是因为什么来应聘我们公司？那一般的套路就是答：哎呀，我知道这个公司怎么样怎么样，然后福利特别好，或者这个公司的培训机制特别好什么的。但我当时可能脑子忽然被什么震到了一下，就跟人家讲因为我被吓到了，被你们的价钱吓到了。然后告诉那个面试官，说我在哪里哪里看到了什么事情，一对杯子卖八千八，太不人道了。就开始瞎聊，反正觉得没什么指望了呗。聊完以后，人家说，好吧，就是你了。你什么时候来上班？

余启明： 他们或许觉得你比较异类，而且比较实在。

叶军艺： 后来就上班了，然后在那个公司做了很多很多年。辞职是听从心灵的召唤。

叶蓉： 这个召唤是不是说，哪怕收入再高，我不愿意再打工而要当老板。

叶军艺： 其实，我没有想过要当老板这回事。因为做到一定程度上，你会觉得到了一个瓶颈，还有就是成长到了那个地方，你不知道再往哪个空间走。另外一回事就是，我当时参加了一个高级主管的培训。那个老师就在台上，跟我们这些高级销售人员说了一句话：一个伟大的品牌背后，往往藏着一群无能的销售。

叶蓉： 有一定道理。

叶军艺： 那个时候，我就想：我们所在的那家公司，可以说，在行内是顶尖的。你去客人那边，很多客人对你都很礼遇。很难有一个公司销售去人家那儿，人家是很礼遇的。但是，你静下心来去想，人家到底是尊敬你这个人本身呢？还是仅仅尊重你的品牌？

余启明： 其实，在网上创业的很多人都是很跟自己较劲的，可能就一根筋钻下去的那种。

叶军艺： 我是一个比较不照常理出牌的人。就是说，你可能给我很多的薪水或者给我很高的社会地位，但是我自己做得不是那么舒坦。或者说，觉得这件事情做下来，并不是我想要的那种。我会走的。

叶蓉： 据说，你那会儿就是有点自我放逐的意思，背着一个包到处走，多好的一个状态啊。

叶军艺： 那时候很迷茫。现在听起来，好像很诗意什么的。其实，当时自己的那个状态是迷茫。我会去反思，我走这步到底对不对。因为当时我从外企出来，父母是反对的。父母觉得你一个女孩子家，要说到年龄吧也已经三十岁了；这会儿还背井离乡，为什么放着好好的工作不做，老是要折腾自己？

叶蓉： 是你内心有个声音跟你说，这不是我要的生活吗？但是，我觉得你超级自信。给自己放个大假，好多人都羡慕你这种自由啊。

叶军艺： 对我来讲，有个屋子可以安身立命，然后回家有张舒服的床，这已经是人生的至高境界。吃跟睡是人生中很重要的两件事，跟加菲猫的精神是一样的。那个时候，其实在晃荡，也在反思自己：做得到底对不对，一直晃到苏州，在苏州待了一整个月，住下来了。我觉得在那样一个山清水秀的环境，特别能够让人静下心来思考。

叶蓉: 那也是属于年轻人的专利。

叶军艺: 对。那时候就回去，回去之后，其实也做一些别的工作，其实也没有马上就转身到网络上来，也真的就是到了金融危机的时候，才刚好有契机。我觉得我是比较相信命运的人，命里面有很多东西是注定好的，就是天时地利人和。那个时候到了，你再去做这件事情就是满顺的。

叶蓉: 你是那颗天时地利齐备之后，能够破土而出的种子。

叶军艺: 我不会勉强自己去做踮着脚尖才能够做到的事情。

一片新沃土

叶蓉: 在品牌的建立过程当中，你更多是侧重于哪个部分的经营？

叶军艺: 我自己是侧重在设计的把关跟网络上的营销。要扩展国内市场的时候，我就在想有什么方式是可以快一点，然后小成本的进入。因为你线下铺张贵的话是不现实的，你一个专柜少说下来二十万，就是一个小的专卖店门面。一个城市二十万，一个城市你要铺多少点？中国有多少城市？你要花多少时间、人力资源？这些都要算进去，包括管理成本。刚好也是碰巧，淘宝商城那时候刚开始招商，发了一个函到我们公司，我们就去了。

叶蓉: 最初，你们看好它的前景吗？

余启明: 我们相信淘宝能够达到一个比较大的量。因为淘宝我们都接触过，我还接触过阿里巴巴。对于我们来说，问题是它能够实现一些比较大的销售，还是真的能够做一个品牌。我们当时毕竟还是刚刚起步，能够实现比较高的销量也是一件很愉快的事情，所以大家都去。但是，接下来很多事情，就开始慢慢的超出我们本身的预想，它开始慢慢的品牌化。

叶蓉：它在品牌推广上面这样的一个作用是超乎你们预想？

叶军艺：绝对超过。

余启明：最初，我们大家的理解只是一个类似于集市一样的市场，能够实现一个很高的销售额，然后人很多、人流很旺。比较类似于上海的七浦路或者北京的秀水街，价格不一定非常高，品牌的概念其实也不强。但是 2008 年年终的时候，阿里巴巴有一个"淘宝商城"这样的概念出来了。

叶蓉：刚好你们正产生了这样的需求。

余启明：因为 2008 年还有很大的一件事情——金融危机，所有像我们这种代工企业都面临着这样一个转型的问题。在这之前很多人都说接外单利润是很薄，但是稳定，付款到位。甚至有时候压到 3%，但它稳定。2008 年把大家十几年来玩的游戏规则颠覆掉了。比如我们就有韩国来的一个单子，三百多万的单子就不要了，60%的首付款它悔单了，这个对我们的冲击是非常之强烈的。很多代工企业一夜之间就消失了，像东莞首饰一条街上面，可能一个月之内消失掉几十家工厂。而在经济繁荣期，我们讲可能一个月之间你消失的速度跟当时起来的速度是差不多的；还有另一方面，更重要的是一个心理问题，我们没有安全感，原来再少没问题，我们挺得住，至少有利润。

叶蓉：今天，你们两位已经走在了自创品牌的这条道路上，这条路走的艰难吗？

叶军艺：在我来讲觉得还蛮有趣的。中间我们也碰到过一些个调整停滞啊，最初因为生产是我们的强项，但是在品牌方面其实没有感觉。举个例子，我们当初刚出来的时候，觉得我们整体的设计都比较雅致高端，东西还不错，用的原料配方各方面都很成熟、稳定，产品方面也挑了一些有难度的。比如眼霜、精华，因为我们是很专业的厂商，要反映出我们的专业度。淘宝上刚刚出来的时候，虽然我们砸了一些广告，搞了一些活动，还有一些销量，但是销量就到了那儿上不去了，就一直稳定。我们觉得很奇怪，经过一些高人指点说：你看看你的网页颜色这么雅致，根本没有吸引力啊。

叶蓉：眼球经济的卖点应该不是雅致对吗？

余启明：它应该要活泼的，要有购买冲击。

叶军艺：我们都犯过跟余启明一样的错误。

余启明：在线下，你可以搞一家专卖店，它很雅致，很符合你的客户的这种心情。但是在网上，它只是一个小小的屏幕，你很雅致。可能鼠标轻轻一拉就过去了，看不见你了，在五颜六色之中你被淹没掉了。好，接下来是产品的形象调整，我们光那个品牌换过三轮，请过三拨完全不同的设计师来做。现在，我们设计团队应该说，在网络里面算比较大的，十多个人的专业设计团队来做这个活。刚开始从朋友帮忙，然后是请一家外面的公司，然后招一两个人，到现在十多个人专门来做这块。

叶蓉：真的是一个完全全新的领域。

叶军艺：这个真的很挑战，包括从你的美工、你整个店堂的设计、然后你的客服人员的招呼，你每一个步骤当中都可能流失掉客户。总之，整个你一个店要做得好，几个关键要点全部要串起来。否则的话，在任何一步你都可能失掉你的客户。这在线下是不一样的。你线下，比如说一个饰品专柜，它停下来试了，五成以上的把握你可以拿到。但是，你看我们线上店铺的流量，你能够抓到的，转化率百分之五六就很可怕了。

余启明：我们一直说“转化率”这个词，我们的转化率差不多在二到三左右。也就是说，来看过你的页面到最终成交的几率。但一般来说，如果是线下的专卖店，我是没统计过。但我估计这个数字，应该至少是十或者二十，可能更高一点。

叶军艺： 不止。线下更高。

余启明： 那完全不一样。

叶蓉： 所以，我们原来说，它会给你带来海量的客户。但是，同时我们看店家也是海量的。

余启明： 像我们一个店铺，一天一万多两万多，高的时候甚至能冲到三万多个浏览量。这个你在任何一个地方，甚至我们上海淮海路、南京路上最好的一个小铺子，一天都不可能有三万个人进来。那反过来，我现在能够努力往三，甚至往四这个百分率去冲，这个让我觉得已经非常高了。我们一直在讨论一个转化率，因为就像你刚刚说到的，他从第一看到你的页面到是不是会跟你的客服聊天中间，真正就是几秒钟的时间，他一犹豫就走了。

叶军艺： 最后他拍下来，到要不要付款，这中间还有一截。

余启明： 我一般开始跟我客服聊了以后，我们差不多应该达到百分之六七十，这个是关于客服这方面的一套培训的体系。但是很多时候，他就是看了一眼就走了。他太容易进来，进来的量是海量的，但是出去也太容易。

叶军艺： 对于品牌的成长，其实是非常有帮助的、直付式的营销，你第一时间能够听到客人的声音，然后你也能够第一时间把你想传导的信息跟客人做即时的沟通，包括现在有旺旺，还有店铺里面有交流区。其实，交流区常常是一些客人，包括客人的评价。所谓品牌是怎么来的，就是已经积累到一定的口碑。

叶蓉： 我们看了这个产品中有吸引力，一般就会看一下人家的留言。

叶军艺： 是的，那么客人的评价对你来说就是最好的广告。像我最开心就是看到客人说有设计感，东西就是漂亮。

叶蓉： 像这种装饰品，我觉得和我衣服搭、场合合适，我就可以戴。

真正知道什么品牌还是少数，买这个附加值的还是少。但是，这个问题对于余启明来说，一定是挑战。

余启明：这对我是一个很大的问题。我们刚刚“植物语”出来的时候，更多的是通过一些论坛作为活动发试用装。那个时候说，如果广告的费用大幅度地节省下来，那么试用装这些促销的活动是大幅度攀升。任何一个客户，只要在我们投放的论坛上有跟帖有回帖，我们就会有试用装，然后试用装到了你的手里。你只要使用以后有任何的评价，我们还会有更多的赠品。一开始的时候，是靠这种方式很快地把客户拉近了距离，包括一个口碑树立起来。因为化妆品毕竟不像饰品，不像衣服，客户还是有一种心理的防线。她会觉得饰品不好看，我顶多不戴了。但是，这毕竟是用在我脸上的东西。所以，一袋小小的试用装，三毫克，让你使用一下，感受一下，慢慢信心就积累起来了。

走出这第一步以后，很重要的就是一个口碑的积累、客户反馈的一个积累，然后一点点地推广开来。即使现在有很多人用了我们“植物语”的东西，甚至于已经成为老客户了，有十多次的购买；但是我们还是会有一次比较大规模的抽样访问，问一个问题：你会为你身边的朋友推荐吗？

回答会“直接推荐”的人还不是很多，这是我下一步要解决的问题。因为毕竟护肤品，有时候是类似于一个奢侈品，或者有一个面子问题在。你今天拿了一个大牌的化妆品，你会愿意推荐给你的朋友，说我今天用了一个某某大牌的新品不错，你去用一下。但是如果用了“植物语”，她不一定会推荐给别人。可能自己用了也很开心，可能在网上她会给到我们好评；但在生活中，她不一定会有这种愿望推荐出去。

叶蓉：就明显有品牌包卖得那么好，因为它有一种炫耀性在里面。

余启明：但是这个问题对我的“植物语”来说，我觉得不是短期内能解决的，甚至于也不是我长期所要。我不希望某一天，人家在用“植物语”的时候，是带一种炫耀性地去做这件事情，这和我最初做这个品牌的想法就背离了。我们一开始的时候，就决定了做一个相对而言比较超值的，比较实在的；然后功效比较好，突出了一个品牌。因此刚刚开始，在定价各个方面做的比较平，然后在产品用的配方各方面做得比较实在；但到后期我们就觉得，要让客户真正记住你的品牌，不能永远走老路线。

所以，后来我们定了一些新的方向，新的概念。我们可以做现代中国的植物生活，我们甚至出了很多很有意思的东西。比如做书签、做便签、做小图钉，这些都是一些文具。因为调研发现，我们最主要的客户都是十八岁开始用信用卡，开始网上支付。慢慢到大学毕业走上工作两三年，这些女性她们对于文具是几乎天天依赖的。那么，她不一定刚开始习惯在用的化妆品上，看到“植物语”的logo。没关系，我可以出现在你用的便签上、你的书签上、你的图钉上。

叶蓉：对目标客户群的有效营销。

余启明：这点很重要。然后我们还做植物，送给客户花籽。我们做过一个手机链，里面是一些小的仙人掌，一棵棵活的仙人掌。还做过一个类似于我们称之为“心情预报”的一个东西，是一个小罐子外面有一块小黑板，有花籽可以放进去，然后在小黑板上，我们还附送了一个小的粉笔，你可以把每天的心情写上去。这其实是我们借鉴MSN的这种做法，很多女孩子喜欢每天在MSN上变自己的名字，写上自己的心情，那我们可以做一个实体的给你。

如果说，在网络平台上，大家都在争夺桌面，那我们也在争夺客户的桌面，争夺一个实实在在的桌面。当你用“植物语”的这些小玩意的时候，当“植物语”这些小植物开花结果的时候，那在你内心深处，“植物语”已经扎根了。那时候，可能你的同事会问一下：你最近在用什么化妆品？这个东西你看到吧，它做花的，也做植物的东西，而且它很多东西都是植物源的；植物配方的，很温和。

叶蓉: 听着让人挺感动的，就是很贴心的一些设计。

余启明: 都是我一点一点做过来的。对我们来说，都是不得已而为之的方法。我们不可能像很高端的品牌一样，有很多很高调的活动，高调的曝光；那么，我们就一点点、潜移默化地来吧。

叶蓉: 叶军艺。走在创业的路上，跟你刚才说，哪怕是为国际知名品牌打工相比，你觉得这种心情上的变化是什么呢？

叶军艺: 其实该怎么说呢，有很开心的时候，但是也有很心酸的时候。这么说吧，就是我们的设计常常会得到一些客人的认同，但是我现在最害怕客人来问的一句话就是说，你这个东西是施华洛世奇的吗？我现在还是希望说，有一天客人上来会问：你们这是麦琪的正品吗？你们有麦琪正品的包装盒？你们有麦琪的手提袋吗？

叶蓉: 那天你就是真正意义上的成功了。

叶军艺: 是的。虽然这是我的老东家，但是我还是希望说，我们自己小小的品牌能够将来有一天也被大众所熟悉。大家上来说到这个品牌就知道这是一个设计有保证、质量有保证的一个好牌子，而不是先问你这个材质怎么样？

叶蓉: 不过，我觉得这也是一个需要培育的市场，我们的消费者也是有一个逐渐成熟的过程，她会去拨开这些迷雾。我说雾里看花，就是去看到这个东西本身的价值以及本身属于它品牌之外的创造性。

叶军艺: 是的。

余启明: 从另一方面来说，网上的消费者相对于线下的更加理智一些，甚至于更加专业一些。我们刚刚开始做的时候，因为没有什么大的品牌，也没有什么大的知名度；所以，刚开始的时候，会很明确地把我们的成分推出来。比如玻尿酸等这些成分，甚至于我们在产品名里面，把这些东西都加上去。然后，网上的消费者，她们会很习惯地去做搜索，就知道你用的东西是什么，然后，它能够达到什么水准。她刚开始对你的信任度就像我用什么工艺，用什么材质。虽然对你的品牌没有信心，但是材质工艺她是了解的。对“植物语”来说也一样，刚开始的时候，我们通过这样一步步来，让客户接纳我们，然后慢慢地到后期，我们开始弱化，再调整，不再把这些东西作为主标推出来了。

叶蓉：我倒是觉得，这个我们应该用一种更加平静的心情来看这种现象。因为毕竟中国，打开国门也就是这么二三十年的光景。真的有多少人知道香奈儿的故事，也就是近些年吧，大家可以那么快地去接受，当然是有引导、有故事在里面。其实，今天我们也走在这个创业的路上，心酸我们就不告诉别人了。我们希望有一天，给大家展现到的是属于我们中国人自己的品牌故事。

【编导手记】

陈玉亭

创 意 之 美

当一个小孩子，向大人描述自己梦想的时候，不管梦想如何荒诞，小孩子都很真诚地相信，这个梦想将来一定能实现。

而听他讲述梦想的大人们，则可能更多地会用一种世故的眼光，认为这只是小孩子不切实际的幻想。

的确，大多数小孩子的梦想，在他们长大之前或者之后，都会变为泡影。但我们也不可否认，其中一定不乏最后实现了的。

在听叶军艺、余启明谈他们品牌梦想的时候，我们在有意无意之间，可能会更多地把自己看做大人，而把他们视为小孩。之所以会有这样的角色定位，并不是因为我们做得比他们更好，而只是因为我们所见的、所知的大品牌实在太多。而当我们站在这些国际品牌巨人的肩膀，来俯视叶军艺、余启明品牌梦想的时候，他们理所当然地会被认为只是小孩。

这其实是历史使然，我们无法改变。

Chanel发展至今已有百年，其余奢侈品牌也大抵如此。今天中国新生的创牌者，注定要比国际大牌落后一百年，也就注定了要从小孩做起。但这并没有什么可让我们觉得不公平的，因为我们既然生在了这样一个时代，就必须以这个时代为起点出发，同时承接这个时代的一切。

当Coco Chanel开着自己小小的裁缝店，向别人述说自己将来想怎么样怎么样的时候，她在别人眼里，又何尝不是一个小孩？如果她抱怨生错了时代，把与其他更早的品牌作斗争视作是一种不公，那“Chanel”

应该走不到今天。

只有明确了这一点，我们才会更有勇气以现在为起点，大步向未来奔去。

这落后的百年，有时确实很困扰我们。但实际上，现实可能没那么悲观。我们既然必须承接这个时代的一切，那就不仅仅是承接了这落后的百年。这一切的一切里面，有这落后的百年，但不必悲观。因为里面还有别的，而这别的里面，可能就有应对这“百年落后”的武器。

这武器，究竟有几种，又分别是什么？我不能历数其详。

但网购，应该可以算是一个。网购虽有其产品定位偏低，价格导向明显等劣势；但也有诸如消费对象面广，传播迅速等特点。其实，作为一家街边裁缝店，“Chanel”的起点，相比网购，又高的到哪里去呢？所以，作为以网购为平台创立的品牌，谁又能保证在百年之后，不能跟“Chanel”等国际大牌并驾齐驱呢？

也许，有人会质疑，等你有百年历史的时候，“Chanel”已经有了两百年历史，你还是落后一百年！诚然，此说有一定道理。但如果看得足够远的话，这种观点还无可避免地是一种鼠目寸光。因为拿现在新创的品牌跟百年Chanel比，跟拿百年后“百年的麦琪”、“百年植物语”跟“两百年的Chanel”比，目光所及，都不过前后百年！

而人类历史，又何止百年、千年？

这百年的历史，在现在看来的确是差距，但如果放在人类千年甚至万年的历史长河中来看，这区区百年，何足道哉？

所以，其实所有障碍都不存在。

中国经济发展的深化，网购平台的兴起，都是创牌的大好时机。时不我待！我们要做的，就是行动！今天，如果我们不行动，那这区区百年的差距，可能就会变成两百年、三百年、五百年……甚至千年，万年！

所以，像叶军艺、余启明那样，行动吧！

第二辑

被品牌时代

张　翔

广东中山歌瑞尔服装有限公司总裁、
歌瑞尔品牌创始人
【淘宝商城名】GAINREEL 内衣旗舰店

“2009 全球十大网商”获得者。2002 年开始创业，将 18 个人的团队小作坊发展成为有 2 000 多人、20 000 多平米的花园式工厂。后成立自主品牌“歌瑞尔”，进驻淘宝商城进行品牌的营销与推广。歌瑞尔——“让时尚不再奢侈”的品牌理念，受到消费者的热捧，屡创网销内衣奇迹。2010 年，日销售额突破 38 万元。

旗下 O.SA 品牌以“白领的时尚家”为口号，专注于白领女装电子商务，致力于将世界流行时尚带入中国。

2008 年，O.SA 进驻淘宝商城后，公司短短 3 年时间的销售就实现了十几倍的增长。目前已成长为淘宝商城女装销量的领先品牌，以产品的高质量、服务的高水平著称。

周　勇

深圳市欧莎世家服饰有限公司总经理、O. SA 品牌服饰创始人
【淘宝商城名】O. SA 品牌服饰旗舰店

创业之路

叶蓉: 珠三角作为我国对外开放最早的一扇大门,一直是中国经济活动最活跃的地区之一。每年它吸引着成千上万的年轻人,怀揣梦想来到这里。他们一边打拼,一边寻找着属于自己的创业机会。你们是如何走上创业之路的?

周勇: 我们公司的第一个创始人应该是我太太,我原来是欧莎公司的一个编外人员。如果说,以我正式加盟欧莎公司来算,我算是资历很浅的。

叶蓉: 算是高参的那种性质是吗?

周勇: 我是兼好多角色,一方面兼高参,一方面兼搬运工,另一方面兼网络维护和销售员,这些都干过。

叶蓉: 就是一起创业了。

周勇: 因为当时我有一个很稳定的工作,收入也还不错,然后我个人当时也没有想过要创业。她刚创业的时候,我还不是很支持。因为我觉得,可能是港台的那种商业片看多了吧,觉得女孩子要去创业,勾心斗角啊,尔虞我诈啊,反正很混乱吧。有些害怕。后来,我发现在网上做,其实蛮纯洁、蛮简单的。你只要把你的产品做好,客户就自然会说你好;说不好,你知道了就不断地改进。

叶蓉: 网络的商业环境跟传统的商业环境是有区别的。

周勇: 非常不一样。当初,欧莎的第一个员工就是我太太一个人,然后我们注册了一个相册,在网上发布了一些信息。当时自己都不敢相信,这样就可以把东西卖出去吗?但是,大概过了一个多礼拜吧。很快,我们接到了第一个客户,是香港的。他直接就给我太太打电话,说你们的款式我很喜欢。然后,很快他就把钱打到了我们的账户。当时我们看到他把钱打过来的时候,都不敢相信。但是,款过来之后,欣喜是自然的,接下来交货就特别痛苦了。因为从打版到最后的出货交给客户,就一个礼拜时间吧,整个就是很忙碌的一个状态。一切从零开始,找面料、找扣子,一直到最后,把十几、二十件衣服,完全做出来之后交给客户,可能赚了几百块钱吧。

叶蓉: 那你什么时候开始觉得,要把外面的工作辞了,我得正式进入这个公司了。

周勇: 2008 年吧。那一年,我们就进到淘宝商城以后,发展确实很迅速。我本科学的是金融,肯定会每次都算算账。一算现在挣的钱,比我一年挣的钱要多得多啊。然后,我太太也确实忙不过来。因为企业到了一定的规模,比如说,原来一两个人那就好了,谈不上管理。到了人多的时候,就要建制度、建流程啊。要管理的时候,她就感觉有点力不从心了。因为她的专长在设计,而不在管理。

叶蓉: 你太太是什么样的个性?

周勇: 我觉得她的性格非常适合创业。比如说:她很坚强、乐观和坚持,当这些品质加在一起,就非常适合创业。当然她也有一些缺点,刚好我又可以弥补她。她专长在服装设计这一块,但对网络和运营这一块相对比较弱;而我是学这个专业的。同时,我的从业经历比她长。所以,总的来讲我跟她非常互补,这样的话,公司这个结构比较平衡。也许正是由于这种特殊的创业关系,现在我们还延续着一种特别的办公方式,一张长长的办公桌,两台电脑二人并排而坐,既体现出平等又便于随时交流。

叶蓉: 张翔，有人说创业会让人上瘾的。你的体验是怎么样的?

张翔: 当时创业，我自己没有那么大的胆量。因为当时我才二十出头，也就是说社会经验的话几乎是空白。虽然曾经是在一家国际品牌内衣企业做，但是大公司的程序非常的规范，然后分得很细。我得到的只是某一部分的经验，当时出来的时候也是机缘巧合。我们有一个经理，年纪比我大，他说出来开厂吧。因为他比我年长，而且比我经验丰富，一路我都是他带出来的。所以说，他说的话在我心目中的分量是特别重的，我也很尊重他，我就说行嘛。再加上我是热血青年，特别感性，有一个老大带着，就跟着干吧。

马上，我就先辞职了。等我辞职之后，他却说，他要去法国。当时，我们有个机会公派去法国，他说这个机会对他挺难得的。他说从法国回来之后，他再来加入我们这个团队。然回来之后，他也没有再加入，就没有后续的话题了。而我当时已经出来租了房子，就是没有回头可能性了。

叶蓉: 你开始去创业难吗?而且你很有挑战，一个男人选择进入女性内衣的这样一个行业。

张翔: 当然，自己曾经有过很多创业的梦想，但是因为我毕业出来的时候，涉足的是内衣行业。最后还是做回自己的老本行，选择我最专注的、最有经验的、最容易成功的行业。刚才，周勇讲到他太太的时候，那种就是发自内心洋溢出来的爱慕之情。当我自己回过头来看，这么多年，太太为我作出了巨大的牺牲。因为我太太家有一个亲戚做灯光工程，本来她可以帮亲戚做;但是为了我的梦想，她还是放弃了自己的梦想，然后受了很多苦。

我印象很深的是，2002年的春节。那时候有个歌手雪村，刚出道的时候，唱了一首《回家》的歌。我们当时住在公司，公司很小，是一间出租屋，和工人住在一起。然后晚上的时候，我们一起看春节联欢晚会。那个门下面有三分之一是漏的，有老鼠跑来跑去，当时也不觉得怎么样。后来那首歌唱到“出门在外是离家越远，心和它越近”，然后，我们两个人同时都哭了。

叶蓉： 一首歌牵起的思乡情绪，瞬间变成了压垮骆驼的最后一根稻草。面对创业生活的艰苦，你是如何坚持下来的呢？

张翔： 其实那时候，我们并不赚钱，一点都不赚钱。哭的时候，我就跟老婆说，要不我们就放弃吧，我觉得这样下去也没什么意思。看看能不能把钱给还上，因为我们欠了很多债。然后老婆说，千万不要，你继续走下去。如果这事成不了，我就算出去卖红薯，你都要做下去。就是这句话，就让我打消了所有想放弃的念头，我一定要走下去。我要为她这句话负责，她是我坚强的精神后盾。我就觉得我的成功，不是我一个人的功劳。我的老婆为我做了多少的牺牲，做了多少的让步，给了多少的帮助；我现在回想起来，都觉得是我欠她的。

叶蓉： 其实，有时候很怪。人的体验就是当你取得成功的时候，在别人眼中，你应该去享受成功。但往往让我们想起的，却是那段艰难的路；我觉得其实这个沉淀下来的东西，是人生最有价值的。

要做自己的品牌

叶蓉： 经过或长或短的一段时间挣扎，你们的事业有了起色，企业步入了正轨。你们开始有更多的时间思考自己所属的产业吧？

周勇： 是的。中国企业受益在OEM（代工贴牌生产）上，但是吃亏也在OEM上。

叶蓉： 怎么讲？

周勇： 以服装为例吧。20世纪八九十年代改革开放了以后，香港的一些纺织或者服装厂在国内设厂，包括国内的厂商，去帮国际品牌做OEM。我们积累了服装生产的一些经验，开始也许说，我们在一些高科技项目上，可能跟国外还有一定的差距。但是做到现在，我可以说，我们的服装从制造工艺到成本控制和管理水平都是非常先进的。欠缺的仅仅是在设计或者潮流趋势。但是这一块，又是创造一个品牌，或者说附加价值最大的一块。如果我们还甘心给国外做OEM的话，我觉得是对自己不负责任，对手下的员工也不负责任，因为当你仅仅做OEM，纯粹是挣这个加工费的时候，利润是很薄的。

叶蓉：请你给我们算一笔账。如果单纯只是做OEM的话，它的生产利润在整个产品当中，占有比例是多少？

周勇：很难做一个精确的统计。但是因为我们经常跑市场，也会看不同的品牌，大概有一些了解。做代工的成本，我认为像正常国内一线商场，就是专柜卖出去的产品，不管是国外或者是国内知名的品牌。比如说一千元左右的服装，它真正的制造成本在10%到20%之间。其中还有几个部分，比如说，30%到40%是商场的佣金，或者是它的租金和运营成本。根据不同的品牌，这个附加值不一样，有的可能是20%到30%，但是上万的奢侈品牌，它的品牌附加值，可能就占了50%到60%。真正说，我们消费者买到手里，你看得见的面料、做工，甚至包括设计，不过就是一二百块钱的成本。

叶蓉：但我在想，为什么说的这个制造成本，就是一二百块钱或者说是千把块钱的东西，能够卖到上万块钱。

周勇：所以，我们要藐视品牌，又要重视品牌。为什么藐视品牌？我觉得品牌并不神秘。就是你去看国外所谓的奢侈品牌，追踪溯源，它当初可能不过是一个裁缝店，或者一个小的皮匠铺。但是，为什么我们又要重视它呢？因为它这个品牌，具有历史沉淀和文化内涵。它经过多少年的发展，每年都抓住时尚的潮流，每年都把产品做得精雕细琢。你一年做得好不算稀奇，十年做得好也不算稀奇。但你做到一百年，这个品牌还在，它就已经不是简单的品牌了，它有历史、有文化、有内涵。这个时候，它的附加值就会很高。

叶蓉: 刚才，我们谈到的10%到20%的这样一个所谓的直接制造成本的话。其实，这当中还有我们说原材料的一个价值在里面。实际上，你生产代工的这一部分，又在这个10%和20%当中占到多大的一个比重？

周勇: 我们女装大概可能是三分之一到二分之一之间。

张翔: 拿我们工厂为例，因为我们开始是做OEM的，做得最好的时候只有6%到7%。现在我们已经是ODM（原始设计制造商）的范畴，就是设计是我们自己的。在2006年和2007年的时候，我们做一家欧洲知名品牌服饰的ODM，净利润率达到30%。所以说，从品牌的角度来讲的话，我们向产业链的上端去攀爬，就像一个小孩一样，从他的诞生到他完全长大成人，都是我们赋予的。我们整个企业核心的部分就是设计，我们设计的所有灵魂就是纸样。我们积聚了七八年的心血，几十个在五六年、七八年积存的所有国外大客户的资料，像国际大品牌H&M和ZARA等全部都在这边。我曾经跟朋友开玩笑说，这边所有的纸样加在一起的话，可能一千万两千万都不止。当然说，我也不会卖它，别人也不能复制到。

叶蓉: 当时，你觉得已经有了一个很大的变化和进步了。

张翔: 对，很快就把目光投向价值链中最具价值的一块品牌。

叶蓉: 什么时候开始你觉得，这个ODM也不能满足你企业生存发展的需要了？

张翔: 那是因为每年我都会去参加内衣两个展会：一个是巴黎时装内衣沙滩展，还有一个是里昂。去了两三次之后，除了参观展会，当然也会去一些百货公司看。在法国巴黎有个拉法叶，就是巴黎老佛爷百货公司，中国人最喜欢去的地方。然后去看了很多内衣品牌，最后发现有很多是我们生产的。再看一下价格牌，上面写的是五十欧元、六十欧元，我们给他们的却是一欧元、两欧元。当时我心里面就很不是滋味，我就觉得为什么我自己设计、生产、采购、报关和出口，最后只是别人拥有的渠道，就可以有几十倍的加价率。所以，我回来就说，一定要注册一个品牌。

周勇：拉法叶我也去过。当时我去的时间，其实跟张翔去的时间也比较近，在 2005 年的年初。那个时候，我们还在读研究生，在学校的时候因为有一个比赛的机会，就去欧洲转了一圈。其实到那个地方，当时也是给我埋下一个种子吧。记得我在欧洲逛，当时我们大学的老师，算是副教授；收入在西安应该是非常高的了，一年收入十几万，也很想从法国带一个包包。也算是鼓足勇气吧，我们一起就走进一个品牌包包店，然后问一下他看中的一个包的价格，接近一万欧元，相当于十万人民币，基本接近他的一年收入了。可能当时对他的触动比较大，记得出来以后，他几乎整整半个小时都没怎么说话。

叶蓉：我觉得在那一刻，并不是说他买不起。我们看到很多女孩子，她可以省吃俭用几个月攒下来钱，去买一个某品牌的包包。可能我觉得你的老师在那一刻，他进行的是一个比较：在国内的一个城市，像西安，又是知识分子集聚的一个高校当中，他一年劳动的置换，就是一个皮包的价格。我觉得，这种自尊心的挫伤，是蛮厉害的。就是为什么同样大家都是劳动，他们的劳动就比国内的劳动要值钱呢。

周勇：因为我是学管理啊什么的，做什么事情就好像做案例分析一样，就喜欢划一划。划分下来，觉得占价值链中的最大一块就是品牌。

网络，鏖战商场的一件利器

叶蓉：周勇，你跟你太太是从什么样的一个方向开始着手的？或者说是同样的服装，一个是刚刚起步的品牌，凭什么人家来购买你的东西？

周勇： 最开始，说实话我们这块也是比较难的。因为，大的品牌都会在很高档的场所拥有自己的店面，我们是不可能的。我们创业是白手起家，一分钱都没有。

叶蓉： 就像你说，先30%、40%的利润，要交给百货公司。

周勇： 对，我们肯定是交不起这个钱的。所以，当时是在没有选择的情况下，选择了网络销售。我们中间走过许多弯路，一开始也是建自己的一个网站来做，应该还是取得了不错的业绩。但是还有一个问题，就是所有的网站，因为都是你自己建立的。自己说自己好，没有公信力。客户他还是不太容易客观地来判定和相信你。

后来也是跟张翔一样，我们也是淘宝商城首批进入的。当时进去了以后，感觉有一个公共的平台来做，会有一点不一样。因为这个平台不是你的，你控制不了；客户骂你的话，你删除不掉。所以这样的话，所有客户的信息就会相对公正，也很客观。而且这个平台，店与店之间的切换，是很容易的。就是说，我到这个店买和到那个店买，都是用同样的支付手段、同样的界面、都是统一的一个网站。这样的话，买家就很容易比较。就是所谓的是骡子是马，大家一起来遛。现在，淘宝可能上面有几十万个骡和马在一起跑；你产品做得好、实力好、设计好，这样很快就跑得出头了。出头了以后就很醒目，然后也会引起更多的关注，通过大家的口碑在网络上快速传播信息，你的销量、客户累积就会很快地实现。所以，我觉得在网络上，品牌树立和建立的时间，要比传统方式大大地缩短。

叶蓉： 张翔，你是如何开始接触网络，以及在品牌推广方面是如何借助于网络的力量？

张翔： 刚才有讲到2005年的故事，就是我注册了品牌，我想做自有品牌。但是，因为2006年和2007年国内外市场很好；我们就做ODM（原始设计制造商），也是很赚钱，所以没有原动力。就是说，我注册了品牌，我有主观意识，但是我没有真正的行动。

一直到2007年底到2008年头。当时，淘宝商城有一个招商会。我有一个朋友去听，其实我还不太愿意去。然后，他说你也一起去听一下吧。参加了那个招商会之后，我听得热血沸腾。就觉得：第一，它是专门面向有品牌有实力的企业来设置的一个平台。第二，它是对这个企业是有一定的门槛的，它有一个第三方认证公司来认证你。然后，我正好是拥有一个一千人工厂的这么一个规模。所以，我很自信，我一定要做。最后是我那朋友没参加，而我加入了。

叶蓉：开始触网的经历是什么样的？

张翔：做网络最初的时候，我不是很认可，可能我自己没有网购的经历。有很多朋友跟我说，在欧洲的C2C（消费者对消费者）二手置换市场很流行，B2C（商家对客户）市场也很流行，当然是企业在自己的官方网站上销售。但是我觉得，中国人是传统的。如果我自己买衣服，还是希望能看得见摸得着，是什么面料，然后怎么穿。但是当我自己真正做的时候，我才发现在网购的这一帮小孩子当中，这些“80后”、“90后”他们有他们的网络语言。他们可以通过照片、通过产品描述、通过很多视角，让你了解到比你摸到的感觉还要真切。就是看你怎么来描述它，看你怎么来形容它；甚至于可以把你工厂的制作流程，这个款式的设计理念等，可能比导购小姐讲得更为贴切。

所以，当时我做了网络销售之后，就坚持一定要走下去。最主要是成本很低。运作成本就像刚才周勇说的，我们做传统渠道的话，可能有20%到30%是花在渠道的费用上，可能是百货公司收你的佣金；但是做网络不需要。第二个，是没有地域差，我们无论是在新疆、广东，还是在上海，我们都可以销售。第三个，没有空间的制约，我一个店铺可能拥有几百个款、几千个款。但是我在线下，可能是十家店、二十家店才可以容纳这么多款。但是我一家店就够了。第四个，我可以了解所有人的最贴切的需求。当我上一个新款的时候：好，他会给你好的评价；不好，他会给你最中肯的建议。我觉得这个款有什么样的缺陷，或者我有什么样的个性化需求。所以，我觉得网络真的是适合我们年轻一代创业的一个新途径。

叶蓉：而且我就觉得，如果说大家要经过一段弯路之后，才有对于品牌意识的一种觉醒的话，今天真的是赶上了一个好的时候。一个有力的助推工具已经产生了，那就是网络。我们之前说百年老店，口口相传，酒香不怕巷子深。因为它经过多年的培育，这个口碑已经形成了。那么几十年之前，电视有了，报纸有了；你可以选择一些广告广而告之，大家也可以慢慢接受它。但是就像你刚才讲的，一个产品只要放在网上，好与不好，马上就有了一个及时的反馈。而且我就觉得口碑的凝聚，在这个时候，就是可以用一种加速度的方式推进。这一点好像在今天，在要想塑造品牌的这样一个时间点上，可能是尤为重要的。

周勇：因为电子商务有一个特点，就是数据反馈特别齐全，而且也很迅速。根据反馈来的数据，我们及时调整销售策略和我们的生产计划，这样可以保证我们的库存积压是最少的。

叶蓉：今天，你们的客户构成是什么样的一个情况？

周勇：目前，我们没有国外的客户。为什么？第一，我们的产品是专门为国内的客户，根据国内的时尚潮流和需求量身定做的。第二，我觉得国内的客户比国外的客户可爱得多。怎么说呢，就像某些国外的客户卖来卖去，最终他不认可你的品牌，他甚至就不认可中国。认为中国出来的东西是没有品牌价值的，或者说甚至是廉价商品的代言词。你做的产品再好他也不认可你。

叶蓉：就像你刚才说了。拿了你的东西去销售，他甚至都不愿意跟人说，这批货来自于中国，就更别说品牌来自于中国。我知道，张翔到现在其实并没有放弃你的OEM（代工贴牌生产）和ODM（原始设计制造商）。自己创品牌的同时，你还保持着两条腿走路。能不能给我们客观地透露一下这两个部分，现在对你公司的一个营业额的贡献有多大的差异？

张翔：现在，我有两家外销工厂，然后加在一起的营业额，一年大概在三个亿。另外做ODM这一块，我的净利润率，现在目前在六七个点，就是一千八百万。但是我做内销的话，如果一年做三千万的话，我的净利润率是50%，就是一千五百万。而且现在内销，我还没有花太多的精力完全投入进来，就可以有这么好的收益，我自己也觉得很吃惊。所以，我想明年可能我会投入更多的精力，我相信这条路可以走得更远。然后，以前是以外养内，那可能未来的路，就是以内养外了。

叶蓉：以至于最后会逐步像周勇这样，国外的他就不一定做了。

张翔：对，可能我会走向国际市场也不一定。就是以我自己的品牌在国际市场上抢夺份额。网络也可以，实体也可以。所以，我觉得这条路，是可以走下去的，并且走得很远。

挑战大牌

叶蓉：的确，电子商务的一个蓬勃发展，人们多了一种选择。而且刚才大家谈到，“80后”也好，“90后”也好，他们已经很习惯在网络上进行消费，货比三家，买到最中意的一款货物。但是我们也知道实体店、国际大品牌也是来势凶猛。以知名西班牙服装品牌ZARA为例，有一个很好的概括。你说叫快速时尚也好，平价流行也好，大家会去看到，它的更新速度是非常之快的，价格相对来说，也不算太高端。一般来讲，如果以国内女装为例，从它的设计到制作到上柜，一般会经历一百八十天左右的这样一个流程。而ZARA它可能控制在十五天左右，应该说，它在推广一个快速流行的理念方面是非常努力的。你们怎么看待来自于这方面的一个国际力量的竞争？

张翔: 在我看来的话，讲到快速，我相信我应该比它更快速。因为它就是在我这儿生产的，如果是我自己运作的话，我省掉了中间任何配送，可以直接面对消费者。因为在网络上只要我这个产品设计出来，就可以拍照上架，在生产的过程当中就可以进行销售。可能这个时间缩短得会更快。那我怎么跟国际大牌来竞争，就是我怎么来面对它？我想，可能有几点：第一，国际大品牌它本身，已经有一百多年或者几十年的口碑在外了。可能说，大家提到H&M就知道它是瑞典的品牌。我记得正大广场店刚刚开业的时候，请了很多中国的明星。

叶蓉: 好像很多欧美的明星，也穿着他们的衣服。

张翔: 对，有了明星效应，感觉就是非常的时尚，非常的大牌。他们每年会花费大量的广告促销费用，在传统渠道上也做得那么深入人心。那我们是靠什么呢？就是我们怎么能驱赶它呢？我觉得，我们走网络是给他们一个很好的反击。作为国际大品牌，它不愿意走网络销售的渠道，是因为它不愿意把它的这个产品成本公布出来。而我们走网络，直接就是等于在生产开始的环节抢夺消费者。这不是走不正当竞争，也不是说我们没有自己合理的利润。

那么，为什么我们比它优先呢？第一，我们的流行趋势能最快时间在网上发布。第二，是我们以最廉价、最高性价比来面对消费者。第三，国际大牌因为在线下已经很知名了，它如果做线上的话，对它线下的冲击非常大。如果它为线上专门创建一个新品牌的话，它可能在短期内也没有这样的计划。所以，刚才主持人讲的，说我们赶上了一个好时候，我觉得我们就是网络的领军者。我们是第一批进入网络销售平台的，所以我相信：如果我们把握好这个机会，我们能占领这个市场，我不惧怕国际大品牌。

叶蓉: 周勇呢？因为你最开始是想要创自己品牌，想开实体店？当时可能实力不够，那现在通过网络上的一个创业积攒了第一桶金的话，你会往线下发展吗？去线下开一些门店吗？

周勇：有这样的考虑和计划。怎么说呢？毕竟网络是一个新兴事物，就是大家接受它有一个过程。可能还是有很多客户，特别是女生，她们希望能够亲自感受一下，然后再做决定。也许她们接受这个品牌了，再去网上订货，就更容易。所以，明年我们可能有一个思路，就是我们会开一些体验店。当然，价格还是很平价，很亲民。

叶蓉：会跟网上一个价格吗？

周勇：我们的考虑就是很接近，非常接近，接近到他可以忽略。比如说，就几块钱。这样的话，可以实现一个网上和网下的互动。原来我一直顾虑，这条路能不能走通？因为我知道线下的成本会高很多，但是很多企业已经做得很成功了。而且我了解到各方面的都是很良性的，不管是利润啊还是资金的占用啊，或者是开店的速度、客户的反馈，都是非常好。所以，我觉得可能未来我们真的会做一些这方面的举动。

叶蓉：已故著名画家陈逸飞先生，数年之前在接受我们采访的时候，给我讲了一个小故事。他当时是在泰康路二楼的一个工作间，他就通过那个窗户看到旁边一个弄堂里面，两个人的背影很美。他突然发现，他们穿的是“逸飞”这样一个品牌，就是他本人创立的一个服装品牌。这个大艺术家就偷偷地从二楼下到一楼，尾随着这两个年轻人，走了一大段路。我觉得他可能在欣赏自己的作品，自己所塑造的品牌，给他带来的自豪感。我想问两位有这样的体验吗？

张翔：我有。因为我们做家居服的话，就是按照欧洲做的内衣外穿。因为欧洲很多人，他是上班的时候穿得很职业；然后回家的时候，他会换上比较随意的衣服。有一次，我跟我老婆去看电影。坐在我们前面的，就是一对情侣，穿的就是我们的情侣家居服。因为我们这个衣服是带帽子的，很鲜艳的。就像逸飞跟着那两个年轻人，走了很远一段路一样，我们那电影是没看踏实，而经常是朝这两个人看。看完之后，还一直看着他们远去的背影，心里面的那种欣喜，现在都记忆犹新。

叶蓉: 周勇有这样的体验吗?

周勇: 有的。就像我们在大街上看到有客户穿我们的衣服。

叶蓉: 你是从面料还是设计上,看出来是你的产品。

周勇: 因为基本是自己设计的,一眼就能看出来。而且每个产品就像我们的孩子一样,不管把它扔到多少个孩子里面,我一眼还是能把它看出来。特别是第一次看到的时候是非常欣喜的,但是我们是按捺住自己内心的欣喜和激动,也没有尾随,我们就看了一下。但是我后来很后悔,我大概有一周的时间,都在后悔。后悔什么呢? 我后悔,应该上去给穿我们衣服的这位客户打个招呼,然后发自内心由衷地赞美她一句:你穿这件衣服很美。

叶蓉: 我们节目采访过的嘉宾李书福先生很有意思。他就觉得,他要挑战国际大品牌的汽车制造商。他认为这个车没有那么高端,没有那么难,我们可以戳破某些神话。某些品牌所制造的,不愿意让人们去看破的一些神话。我觉得他坚持走他自己的道路,不仅创出了吉利这样一个品牌,在 2010 年 3 月还成功收购了瑞典豪华汽车沃尔沃。刚刚在听张翔、周勇聊天的时候,我有强烈的感受:你们有这样的气魄,同时是踏踏实实在做,难保哪一天不会像张翔说的那样:我们走出去,我们去抢占他们的市场份额。

【编导手记】

陈玉亭

品 牌 之 梦

面对国际大牌动辄百分之几百甚至几千的利润率，曾经发此感慨的绝非张翔、周勇二人。其实，这早已成为年青一代企业家面临的共同课题。手里拽着几个点的代工利润，这三个字，时常在他们脑海中盘旋。刚开始是疑惑，或者再略带某种无奈。但在今天，这种疑惑，这种无奈，却更多地演变为了一种创品牌的冲动。

随着经济发展的深化，中国以低价代工为经济增长点的发展模式，已步履蹒跚，初显老态。它，必将在未来的某天被彻底终结。为了应对这必将到来的一天，中国的企业家开始摩拳擦掌，试图在各自所属行业的大蛋糕里分得更大的一份。

而品牌，则是达到这一目标最有效的途径。

但是，树立品牌又何其艰难！所谓大浪淘沙始见金，国际大牌之所以能成为国际大牌，除了有其常人所不及的高明之处，更是政治、经济、历史等客观因素长期积淀的结果。即使今天的中国企业家，可以洞悉如何创立品牌的奥秘，但一个品牌的内涵，还是需要长时间历史的积淀。而时间，正是我们拿再多钱也换不来的。无奈之下，中国企业家只能一方面以谦卑的姿态向国际大牌的成就致敬，一方面开始借鉴着他们成功的经验，暗暗积蓄力量，试图在某一天实现对它们的超越。

张翔、周勇正是其中的两个。

张翔是从代工行业的底层摸爬滚打一步步上来的。他尝到过代工低回报却低风险的甜头，因为是代工给了他第一桶金；他也深知这个行业的辛酸，所以决定二次创业，去创造一个风险更高、回报也相对更大的自有品牌。

而周勇的创业，更像是命运被动选择的结果。他虽然怀揣梦想，也有MBA的学历，但不是很善于交际的先天缺陷，却让他没能立即走上创业的道路。如果没有妻子的创业在先，他也许会老老实实在国企风平浪静地呆上一辈子。

创业或者二次创业之前，他们只有把梦想深埋，暗自等待，等待某种当时来讲，也许并不明确的契机。

2008年，这个契机出现了，而且是个大契机。它把张翔、周勇在创品牌的道路上用力地向前推了一把。这个契机，就是2008年淘宝B2C新平台——淘宝商城的招商会。当时，他们惊喜地发现，这个平台似乎可以解决他们面临的所有问题。张翔担心的：如何在扩大消费对象范围的同时又能有效控制风险，如何降低成本以更大价格优势应对大品牌竞争。周勇苦恼的：租用商场柜台的大笔资金是否能顺利回收，自建网购平台如何解决公信力，甚至还有他本人不善交际的问题……这么好的东西，当然不能放过。于是，他们义无反顾地投入到了网商的行列。

事后证明，当时的这个决定，开启了他们事业的崭新一页。原来忐忑的所有问题，在这个公共的网商新平台都得到了有效的解决。销售节节提升，从创业到取得初步成功，用时都不超过一年。甚至，不善交际应酬也不再是经商的障碍，“我们做生意做到很长时间可以不跟任何人打交道，就在家里，不打任何交道！”周勇如是说。

这就是网络的力量，淘宝的力量。

当然，这样的成功，淘宝商城的作用固然功不可没，但又绝非仅止于此。如果说，淘宝商城为张翔、周勇这样有理想的商家提供了一个优秀的网购平台的话，那么周勇、张翔在产品上的准确定位，才是成功的关键。

网购平台，给了创牌者一个速成的机会，它通过自身传播的速度和广度，在某种程度上，为商家借到了时间。但它，又绝非百试百灵的仙丹。因为选择网购的消费者，不管买价值几何的商品，更多的是以价格为导向。面对这样一群消费者，除了一些在线下早已成名的品牌，另外那些以网购为创牌起点的新品牌，必须明白自己品牌在知名度不高的情况下，性价比、物超所值才是品牌最大的一张王牌。

张翔的歌瑞尔提出“让时尚不再奢侈”，正是平价时尚的口号；而周勇的O.SA，同样以“白领的时尚家”为口号切入平价时尚路线。

以务实的心态，在“时尚的品味，优良的质量，平易的价格”这三者间找到平衡点——这，才是他们成功的关键。

第三辑

路上高峰

淘品牌

董　路

兰缪内衣 CEO

【淘宝商城名】优品生活内衣专营店

在淘宝商城经营一家女士内衣店。早年在国内学习服装设计，20 世纪 90 年代初留学日本，并就职于日本高盛投资银行。因为面试官的一句话，促使他迸发出创业的想法，带着“一亿美金”的梦想回到国内，开始了他的创业之路。典型的“海龟派”创业者。

郭　峰

珂兰钻石 CEO 【淘宝商城名】珂兰钻石旗舰店

在淘宝商城经营一家钻石饰品商店。迫于生活的压力和内心的危机感，1997 年扔掉了毕业后仅工作一年的国企饭碗，走上创业之路。

随着中国互联网发展的第一股热浪，创办当时国内最大的网上花店“莎啦啦鲜花网”。虽然一路高歌猛进，但终究没能逃过泡沫破灭的噩运。十年创业征程，重新起航，他立志要将“珂兰钻石”打造为新一代网络名牌。“土狼派”创业者代表。

从上至下，从下而上

叶蓉: 两位这次来到上海，有没有找机会去参观一下世博会?

郭峰: 我们今天去了民营企业联合馆。

董路: 民营企业馆对我们震撼很大，感觉收获很多。

叶蓉: 两位走近民营企业馆，我想跟普通游客的感受应该是不一样的吧?

董路: 我有一种感觉。我看到的一些明星企业家们，他们就像在演出一样，从无到有，从小到大。像看电影一样。我希望，有朝一日我也能跟他们在一个舞台上同台竞技。

郭峰: 我看了这些企业的历程之后觉得，原来大企业也是从小企业开始做起来的。那么回头看一看，再来调整我的人生目标。它给我后面的人生和经营理念带来一些变化，我觉得只要不断地修正自己的目标，最后一定会达到这个目标。只是时间的问题，机会的问题。

叶蓉: 跋涉在创业道路上的人，我们给他一个统称叫做“创业者”。有刚刚上路的创业者，也有资深的创业者，二位创业多少年了?

董路: 有四年吧。

郭峰: 我很惭愧。严格算起来，自己创业到现在有十年了，算是互联网和电子商务这个行业的老兵了。

叶蓉: 当初,为什么会想到了自主创业呢?

董路: 当时,纯粹是为了一种自我实现吧,一种对梦想的追求。从进入前几名的学校,到进入前几名的大公司;我在这条路上,应该说干得还可以。但是,我并没有感觉到实现了自己的梦想。

叶蓉: 那么,你的梦想是什么呢?难道不是进入像高盛这样的大公司吗?

董路: 我在高盛面试的时候,我老板跟我说:"你的梦想是年薪一百万美元,还是一亿美元?"我当时二十七岁,我觉得每年能挣一百万美元已经非常好了,所以,我就毫不犹豫地说:"我的梦想是每年挣一百万美元。"他说:"OK,那这个地方你来对了。如果你的梦想是每年挣一亿美元的话,现在就出去创业。"

当时我没有理解他的意思,而且我当时觉得我不可能创业。我创什么业?每年能挣一亿美元?后来进到我那个部门之后,我就发现他为什么这么说了。因为我当时是负责贵宾理财业务,我服务了日本一百个首富中的二十个人。我发现他们每一个人都是创业起家的,而且很有意思的是,相当一部分人没有大学毕业。所以,经过这一切之后,我醒悟了,悟到了当时我老板面试我说的那句话的含义。于是,我想:OK,那我也试着创业吧!

叶蓉: 当初,为什么选择衬衫订制这样一个行业?

董路: 我当初的创业过程,说白了是很教科书式的。我在斯坦福读书的时候,有一个教授叫做吉姆·考林斯,他写过两本著名的书:《从优秀到卓越》和《基业常青》。书里面分析了从优秀到卓越的公司,它们的特质是什么?第一个是激情,第二个是擅长,第三个是利润。也就是说,一个公司或者一个人同时满足这三个条件的时候,就很容易做到出类拔萃。

我从小就很喜爱服装,学的第一个专业是服装设计。我虽然不是最厉害的设计师，但是我有那么多年在投行工作的经验。谈到商业模式的话，衬衫订制是一个很好的商业模式。当时，我作为一个在服装行业没有经验的人，我决定一定要做一个风险小、投资小、见效快的这样一个生意。所以，在网络上实现衬衫的订制这个模式就油然而生了。

叶蓉: 郭峰，你怎么评价董路的想法。如果当时他要找合伙人，你愿意跟他一起干吗?

郭峰: 我会琢磨一下，这种创业实际上是典型的一种从上至下的创业方法。经过大量的分析，对自己的理解，对市场的理解，对这个行业的理解，综合得出一个经验教训之后才去做这个事情。但实际上，在目前来说，大部分包括我在内的创业者是从下而上做，不是从上往下做的，创业动机实际上是源于一种恐慌感。

叶蓉: 怎么讲?

郭峰: 我印象最深的是: 当时我分配到国营企业上班。然后呢，我突然觉得国营企业不能满足我以后结婚要买房子的问题，我生病了之后我的医疗问题，我父母老了之后的生活问题，有一种迫切的生存压力。

叶蓉: 一种在立足于社会人之后的危机感。

郭峰: 对，一种危机感。实际上，这个是大部分草根创业者的原动力。

创业者的格调决定企业的格调

叶蓉: 郭峰评价说，你的起点比一般人高，而且是谋定而动的这样一个模式。那你第一次创业的成绩怎么样?

董路: 也许是一种莫名其妙的信心吧。因为我觉得当时去日本留学的时候，其实是挺艰难的，不像现在留学的条件。当时，我是从刷盘子刷碗干起来的。在那么辛苦的一个环境当中，生存的每一分钱都要靠自己去挣。经过十年的努力，我能做到当时的成绩。我想，在自己的国家里边，我还能失败吗？周围有这么好的环境，我又有了这么多的朋友和知识武装自己，我觉得我不可能失败。

叶蓉：那为什么做得没有你所预期的这么好？

董路：我觉得主要是商业模式的原因。至于"激情"和"擅长"，我觉得都没有问题，我现在仍然很有激情。

叶蓉：可是，你最不担心就是第三点"赢利模式"啊？

董路：对。一开始是这样的，但其实并不是的。因为自己觉得自己知道，但是其实很多事情自己是不知道的。所以，那次创业的过程，我觉得也是一个让自己对事物的认识更加谦虚、更加客观的一个过程。

叶蓉：到今天，你积攒了多少客户？

董路：到现在一千多个客户。

叶蓉：四年才一千多个？

董路：基本上是前两年积攒的，到后来两年，我已经转做另外一个项目了。其实是前两年就积攒了一千多个客户。

叶蓉：所以，董路第一次创业的故事就是一个"海归"带着激情、带着梦想、带着先进的理念回到国内，却是严重的水土不服。

郭峰：我倒是觉得，这一次的失败对他第二个生意会有很好的帮助。

叶蓉：郭峰，你的第一个项目又是怎么得来的？

郭峰：现在回头想想，其实我的第一个项目蛮新奇的，也是蛮幸运的。我记得应该是 1999 年末吧，那个时间是中国第一轮互联网的高峰期。那个时候最主流的一些企业，像 8848 这些公司如火如荼，严重地刺激了我当时想创业的这种野心。

叶蓉：你是怎么注意到这个市场的？

郭峰：实际上是国外的一个案例，很早了。在 1996 年，国外有一个小女孩在网上开了一个小花铺，结果她的生意很成功，一年的交易量将近几十万美金。当时,那个故事就启发了我,我想为什么在西安不能做一个呢?

然后,也真是非常幸运。就在我跟朋友一起喝咖啡的过程中,我们在聊电子商务。我当时的投资人就坐在旁边,听到我们说的这个东西,他很感兴趣,就问“能不能加入一起来聊聊?”就这样,他加入我们的谈话。结果第二天,他给我打电话问:“这个事能不能一起做?”到第三天的时候,他的第一笔钱就打给我了。非常非常神奇,现在想想已经是不可能的事情了。

叶蓉: 你的这段描述,让我们回忆起 2000 年左右,互联网特别疯狂的那个年代。

郭峰: 对,很疯狂的。那么到了 2001 年的情人节,我的团队遭遇了当时互联网最大的一个订单流,我印象中是九千四百档订单。有订单是好事,但那个时候对我们企业来说,实际上是一种负面性的打击。当时,我的一切东西都没有准备好。我的运营体系、花店、服务机构、接线中心都没有准备好。所以,结果可想而知。

到 2001 年 2 月 14 日那天,足足有几百束鲜花,收了钱没有给人送出去。这个事情当时我印象特别深,是一个非常非常负面的消息。包括央视都来曝光这个事情,说是:“你看,电子商务、互联网不能相信吧!你看,网购有风险吧!”就这样来说。但我们当时还是比较客观地认识到自己的错误,在危机公关上也做得非常到位。不但积极主动承认自己的错误,全部照价双倍赔偿,而且客人订的鲜花我再重新送一次。经过这次危机处理之后,我觉得公司一下子上了一个大的台阶。一个是运营体系引起了重视,再一个就是我们也看到网络购物人群还是非常善良的。他们愿意相信一个新牌子,愿意给你出错的机会;最后,这些人还是陆陆续续又成为了我的客人。

叶蓉: 那会儿的互联网用户,很多人都是将信将疑去尝试。记得当时上海还搞过一个非常有意义的活动，把你关在一个地方，看你能不能利用互联网生存七十二小时。

郭峰： 对，老互联网人都知道这个事。那么，这个公司后来在网络泡沫破灭之后，还是一路高歌猛进地在成长，现金流也是正向的。就是董路说的又有激情、又有利润这样一个情况。但最后，这个公司还是被我卖了。现在反思这个事情，其实还是留给我一些经验教训：在公司的成长过程中，创业者的格调决定了这个企业的格调。因为我的意志不坚定，造成企业在面对诱惑、面对机会的时候，出现了判断失误，让这个公司陷入了一个很尴尬的局面。

第二次起航

叶蓉： 相对于鲜花市场，钻石市场最大的区别在什么地方？

郭峰： 其实，做任何行业都有幸福的地方，也有痛苦的地方。做鲜花幸福的是它的现金流非常好，毛利润非常高。而且每次送人花的时候我都特别高兴，送人玫瑰，手有余香。但是鲜花的痛苦是单笔金额太低，我怎么做都不能做到像董路说的那样赚一个亿；那么，钻石生意幸福的地方是它的金额非常高昂。用户对这个饰品的需求是刚性的，不是说你不买就可以的。实际上，几乎每个结婚的人都要买一个钻戒。但是它的痛苦就来源于它的毛利润没有鲜花那么高，而且产品非要进行货品的采购、生产之后才能进行销售。一开始，确实让我很痛苦。我已经做惯了不花钱的生意，结果现在做一个要花钱的生意，这让我花了很长的时间。

叶蓉： 如果同样的两份商业计划书，一个是像鲜花这样的，一个像钻石这样的，董路你会更青睐于哪一份？

董路： 可能会更倾向于钻石吧。

郭峰: 受众比较宽一些。鲜花毕竟是小众的，跟你的衬衣订制一样是一个小众消费品，没有办法把规模做得很大。

叶蓉: 但是我知道在网上购买钻石，你们不算先发者。

郭峰: 对，不算。实际上，我定位珂兰是一个在互联网上卖珠宝、钻石的一家珠宝公司。那么，我们对互联网的理解和使用要远远超过其他的珠宝公司。也许你在路牌上、电视上看不到我的广告，但是我的生意做得依然会非常好。珂兰的优势就是人不一样，这些人大部分都是从事互联网作业的人，非常懂网络。第二呢，就是对知情层面的策略意识不一样。以互联网为准，以互联网的维护为基础来做营销，而不是以传统的方式来做营销。

叶蓉: 我特别注意到一点，董路在讲他进入衬衫订制市场的时候，似乎时间稍微早了一点，当初互联网的整个生存环境远不如今天这么成熟。那现在这个时候，你进入网上订制钻石的领域，是不是跟今天网络购物环境越来越成熟有关呢?

郭峰: 为什么说现在可以做这个生意了，是有几个信号。第一个信号是中国的钻石消费品每年递增 18%以上，第二个信号是网上支付问题已被解决。突然我发现，在网上可以支付一万块钱了，信用卡可以刷好几万块钱分期付款。消费者刚性需求也存在，网络的信任度越来越高。再加上互联网在这一两年的蓬勃发展跟马云的关系又非常大，他确实带动了电子商务市场的蓬勃发展。那么，我们判断这个生意已经到了能做的时候了。所以，提前半年的时间进入这个市场。现在看来，这个时间点卡得非常准，早半年或者晚半年结果都会不一样。

叶蓉: 那董路呢? 你怎么看待你现在进入的内衣市场?

董路: 其实，这个是非常分散的一个市场。我们中国前十名的内衣企业占到市场份额也就是 20%左右，而美国的第一名就要占到市场份额的二十多。中国内衣企业有几千家，那么前十名应该是很有实力的，它们只占到20%的话；这就意味着我如果杀进去的话，可以很容易地撕开一块阵地。那么，从这个角度来讲，我们分析出中国有一千亿这么大的一个内衣市场，并且以30%的速度在增长。所以，任何一个行业分析师或者投资人看到这个机会，都不会放过的。

叶蓉： 两位在网上开展自己的主营业务之外，纷纷又把项目的推广投入到了线下实体店的开设。我知道郭峰你们刚开始创业的时候，办公条件还很艰苦的，那怎么会想到在上海的淮海中路开一间两百平米的体验店呢？

郭峰： 两年前，在线支付实际上还是非常大的障碍。要客户支付两三千是较为容易的事，但是当产品金额到了五万、十万的时候就非常难解决。第二个问题，我发现在中国购买钻石的人群和在美国购买钻石的人群是完全不一样的。在美国，百分之六十到七十都是男性购买，他为了求婚买一个钻戒来追求女孩子，然后作为一个神秘的礼物来出示，女孩子在挑选钻戒的过程当中是起不到什么作用的。但是，在中国就完全不一样了，我们调查的结果是百分之七十五左右的是女性自己来挑选钻戒。而且在购买钻戒的过程中，喜欢带上去试一下，合不合适，她要亲眼看一下。那么在这个过程中，如果完全在网上完成这个事情，其实难度非常大。

所以，在当时的情况来看，我就需要有一个能让客人看到产品、摸到产品，而且能够支付较大金额的这样一个场所。这个场所成本不用那么高，但一定要让人感觉很舒服，像个专业的珠宝公司。选址不一定非要在商场里，但是一定要处处给人安全感、信任感。所以，基于这几点用户需求，我们推论了一下，如果在上海做这样一个服务机构应该在什么地方？结果就是在百货商场周围的写字楼里面，去找一个租金非常便宜的场所，最后我们就找到了淮海路的瑞安广场。那接下来别人会问："郭峰你要开多少家体验中心才能满足客人的需求？"其实就是沿海省会级城市，我们只要覆盖够这些城市，把用户服务到位的话，我相信我的生意一定是非常好的。

和你在一起

叶蓉：你们有四个创业伙伴，而且是各司其职。我们的编导在采访之后告诉我说，你们创业非常有意思，刚开始还住在一起。白天一起创业，晚上一块做饭。

郭峰：这个确实有些故事在里面。最早公司创办的时候，是在一个民宅里面，而不是在外面租的写字楼。那这套房子呢，一间用来住人，另外一间就用来办公。刚开始条件比较艰苦一些，光着膀子干了几个月，把这个网站弄上线。后来条件好一些，我们才搬到写字楼。但是，这套房子还是留下来了，现在也还是在用着。比如说，经常出差的人就可以在这里临时落脚。另外，因为我们经常四处出差，集中在一个地方的时候，实际上就是一个很难得的开会时间。白天在公司里处理一些事情，晚上住在宿舍的时候，我们四个人经常会开会到凌晨两三点，争吵、辩论都是很正常的事情。

叶蓉：你们几位都已经过了而立之年？

郭峰：对。我是最年轻的，1975 年出生。

叶蓉：那长期在外创业，家人们理解、支持吗？太太们怎么看？

郭峰：实际上我创业十年，回头想想我最对不起的人就是我老婆。因为那个时候年轻气盛，出来创业，想着要功成名就。但是现在想想，实际上我背后，我家人、我太太做出了大量的个人牺牲支持我的梦想。现在说起来，我觉得非常非常亏欠他们，亏欠我的家人。就是说……这个……我不知道怎么说，我觉得有点说不下去了……还是以后用行动来补偿吧。

叶蓉: 当时做鲜花的时候,有没有送过一束最美的鲜花给太太?

郭峰: 那个时候,我太太经常埋怨我。她说:"你到情人节的时候,给几千个女人送花,都不给我送一束花。"

叶蓉: 真的没有送吗?

郭峰: 对。真是没有,都顾不上了那个时候。因为我知道我的产能。我如果要加一个塞进去,给我太太送一束花,就会造成我的派送流程混乱。

叶蓉: 那么,现在做钻石了,有没有给太太送上一颗钻石。

郭峰: 还是没有,但是会送上一些她喜欢的小饰品。因为我太太是个非常节俭的人,她觉得把钱花在大克拉的钻石上很不值。她更愿意把自己喜欢的一些款式告诉我,让我再去帮她订制,做各种造型,她觉得这样更有新意一些。我前一段时间,刚好为我太太设计了一件礼物,但是现在还没有拿到,正在订制中。我打算在结婚纪念日的时候,送给我太太作为我们结婚纪念日的礼物。我觉得,这样要比我送一颗钻石更有纪念意义。

董路: 有这颗心就够了,这个纯净又大克拉的钻石会有的。

叶蓉: 董路,你的家庭生活呢?

董路: 我跟他的想法是一样的。每天我们在外面这么忙,真正陪伴家人的时间其实很少。但我夫人从来没有给我打过一个电话,从来没有发过一个短信。

叶蓉: 在你工作的时候?

董路: 对。我看到过很多例子。比如说,我在跟别人谈话或者开会的时候,对方电话里边:"你在哪儿呢?怎么还不回家?"这样的情况很多,但是我从来没有接过。我知道她在那里静静地等着我,我也知道现在我们的这个阶段,我不能够给予她很多时间。这种东西不是金钱能够代表的，她需要的不是钱，不是大钻石。我想，如果我和我太太能有一天晚上，清清静静地坐在家里的沙发上看看电视，这就是对她最好的安慰。但是，我们现在的工作状态可能连这种时间都没有。所以，刚才我跟郭峰在交谈时还在说，我们是很羡慕那种“老婆孩子热炕头”的生活。我觉得对自己和家人来讲，这种生活比各种光鲜亮丽的事情都美好、都珍贵。

叶蓉: 据说，当年结婚时，你打动你太太的不是钻戒，而是照片。对吗?

董路: 这个事也是很传奇的故事。我们是在北京的一家盲人按摩院里认识的，由盲人介绍认识的。

叶蓉: 你们都是那个盲人师傅的客户?

董路: 对。她是误打误撞走到里面去的，但我是那个盲人按摩院的老客户。因为她父亲长期住在中国，是日本公司派到中国工作的员工。她奥运会期间来中国，我们就在这间按摩店师傅的介绍下认识了，然后就一见钟情，很快就闪婚了。在这个闪电般认识的过程当中，我们双方最认可的是两人对幸福的共识。

当时，我们没有钻戒也没有任何东西。在互相认识的过程当中有一个决定性的因素，就是你刚才提到的那个照片。因为她在日本是做活动主持工作的，她说 2005 年曾在上海主持过一次一级方程式赛车的活动; 2005 年上海 F1 我也去了。这么一回忆，我说:“哎呀! 你是不是穿着一件银色的上衣和白色的超短裙啊?”她说:“你怎么知道的?”我说:“那时候我有一个记者证，拿着一个超长的望远镜头，一直在拍照。”那个时候我，印象当中就是有一个日本女孩长得挺好看的。接着，我赶紧回去找硬盘，最后照片翻出来，她果然在我拍的照片里面。也就是说，2005 年她就已经被我的照相机拍下来了; 然后 2008 年，我们又在那样的情况下认识，缘分真的是推也推不掉的。

郭峰: 像电影里面的场景在脑子里闪过，我应该为你们闪婚订做一款钻戒。

董路: 对啊,我应该到你们那儿去订一款钻戒。

创业的感悟

叶蓉: 今天走在这个创业的路上,你觉得你的目标发生改变了吗?还是那始终是你的一个梦想?你仍然会坚持走下去。

董路: 我觉得从某种意义上说,我的目标已经实现了。

叶蓉: 怎么讲?

董路: 我觉得,我现在的生活给我的满足感已经远远超过一亿美元,不是说拿到一亿美元就能换到我现在的生活的。所以,我觉得某种意义上我已经成功了。人生的财富不光是以货币来体现的,还有很多其他的财富。所以,我真的很难想象还有什么比现在生活得更好,我现在已经非常非常的好了。

叶蓉: 郭峰呢?你怎么看创业对你生活带来的改变?

郭峰: 实际上,起初创业是为了解决个人的困惑和个人的压力。但在创业的时候,正如董路所说,实际上已经不再只是追求个人财富的积累了。更多的是为了你的员工,为了你的团队,为了你的投资人,或者为了这几百个跟着你做事情的人。有一点我要向董路学习,其实我在处理家庭关系和事业上面,我更偏重事业一些,对家庭和个人的生活照顾得确实很少。我老觉得公司的事情是最重要的。任何任务在处理的时候,首先考虑是投资人的利益,其次是公司的利益,接着是团队的利益,最后才是个人的利益。这可能也是我身上让投资人值得信任的地方吧。但是反过来讲,作为一个丈夫、作为一个子女来说,这是不成功的。所以,我有时候在想,要在这个社会里面扮演更多的角色并且面面成功的人,这毕竟是少数。

另外，我对创业者其实是一个劝阻的态度，而不是一个鼓励的态度。因为我经过两次创业之后，我认为创业这个东西实际上是一个只有非常少数的幸运儿才能做到他心目中的成功的；大部分人都会死在这个追求的过程中，就像海市蜃楼一样。现在，所有的主流媒体都是鼓励大家去创业，实际上这是一种不负责任的表现。如果我的员工哪天告诉我想要去创业，那么，我一定会把他单独叫到一边，站在经营者的角度跟他分析他要做的事情：优势、劣势、机遇、风险，我都要给他做个透彻的分析。分析完了之后，如果结论是OK，我会鼓励他去创业，甚至还要给他投钱去创这个业，因为对他是好的。但是分析完之后往往会发现，他们提出的创业计划99%都是不能成立的。因为我们已经交过大量的学费去接受现实的培训，但是他们没有。

叶蓉：但是年轻就是最大的资本啊。他会觉得，不试过怎么会知道自己不成呢？

郭峰：对，但是实际上悲哀就在这个地方。前面的人前仆后继地交学费，前仆后继地积累各种经验，但是经验不能传承给更多的年轻人。我的员工经常会有这种冲动，“郭总，我有个什么想法我想去做”。最后我帮他分析完，不听我的劝告继续做。做的结果就是六个月以后去找他，问他要不要考虑再回来。这种回头的员工，在我这比例也是很高的。试过之后他们才会明白，我前面的学费不是白交的。我再说的东西，他们才能听到心里面去。

实际上，在我们团队里面，我觉得这一点我更像是一个家长的角色，而不是一个CEO、一个领导。我带着大家去往他们心目中所理解的成功，往前推进再推进。但是说心里话，从个人来讲，我已经非常非常疲惫。我觉得创业到最后，已经不是为个人行为了。

叶蓉：这样说起来的话，你后悔吗？

郭峰: 这个事的后悔成本其实是蛮高的。有句话就是说,不管对错,执行力很重要,你只要做下去了,错的也会变成对的。现在对我们来说,已经在创业路上走了这么远了,已经没法回头了。实事求是地说,就是这样。如果停下来的话,所有的损失,无论是家庭还是企业的东西,都不是你个人能承担起的。我开玩笑说,也许有一天突然出现了一只大的盒子,把郭峰的公司全装在里面,OK! 大家的身心都放下了,到那时才算是真正放下了。但这只是一种遐想,现实中是不可能出现这种情况的。

叶蓉: 创业者经常会被人问起,到底什么是创业?因为很多人都想成为他们当中的一员,其实它也许是最初高远的一个梦想,接着就是辛苦的付出。当然极少数的人能够体验到那种获取财富的快感并且伴随着那种站在巅峰的感觉,这种感觉是会让人上瘾的。但是如同人生一样,请不要忘记,虽然结果非常重要,但过程一定不能忽略了。

【编导手记】

张　松

攀向成功的阶梯

董路、郭峰的创业经历，可以说形成了鲜明的对比。同为入驻淘宝商城的品牌，董路和郭峰早就认识。相对董路这样的"海龟"而言，在采访过程中，郭峰戏称自己是"土狼派"创业者。在国内上大学，在国内工作，然后辞掉工作创业。而董路留学海外，在国外工作，最后带着先进的理念和自己的梦想回到国内。虽然经历不同，但二人却同样经历了创业的沟壑，最终站在这个舞台上。

两人的公司都在北京，平时都很忙碌。但董路忙碌之余，似乎更会享受生活。初见他时，一身日系打扮，修身西装、尖头皮鞋，一头干净利落的短发整齐地立在头上，这一点倒是与他的留学生涯很契合。董路爱好广泛，喜欢摄影、喜欢健身，自行车、登山等户外运动更是他的最爱，就连现在有时还骑自行车上下班。笑起来总是显得那么阳光，那么有活力。他注重个人形象，好打扮，他说朋友形容他为"闷骚型男人"。外表看似平静，内心却一团火热。源于小时候对汽车的兴趣，一回国他就买了辆北京切诺基，然后按照自己的想法重新改装了一番。豹纹内饰、剪刀门，磨砂车漆、大轮圈，他这辆全北京城独一无二的大吉普，开到哪儿都是最吸引眼球的利器。他说，自己小时候最喜欢中国早期出的两款汽车，一款是上海桑塔纳，另一款就是北京吉普。所以，一回国就为自己圆了这个儿时的梦。董路的婚姻也是令人羡慕的，太太是日本人，漂亮贤惠、温柔大方。因为一段神奇的姻缘，两人走到一起，认识第三天就闪电完婚。说起自己的太太，董路赞不绝口。他说唯一可惜的就是，自己现在没有办法抽出更多的时间来陪太太。

相对董路来说，郭峰就显得安静得多了。第一次见到他，是在他的其他两位创业伙伴出差回来之时。正值中午，四个人埋头吃着简单的盒饭，一边扒饭一边询问出差的情况，不时还摆弄一下面前的电脑。刚吃完午饭，四人又进入会议状态，会议室里投影出的设计稿一张一张地闪过，从深圳工厂里传来的方案在四个人之间反复斟酌。对郭峰的采访一直等到会议结束才进行。虽然看起来郭峰的话似乎不是很多，但一旦聊开来也不乏幽默的语言。他是一个思维很清晰、目标很强的人。作为首批进入淘宝商城的商家，他深知淘宝的巨大能量。通过研究顾客对钻石饰品的刚性需求与情感表达，他跟国内多家大银行合作，靠银行提供的分期付款、信誉保障等方式，让顾客对珂兰钻石的品质产生信任。通过网络购买体验而加深了品牌印象，同时在几个大节日的成功营销也渐渐扩大了他的品牌的知名度。

谈起创业的话题，郭峰有很多的感慨。他很谦虚地称自己只是互联网和电子商务行业的一个“老兵”。这个“老兵”告诉我们，他1996年毕业时就顺利进入一家国企上市公司，负责项目开发。当时赚的钱在西安足以满足生活需要，但是安逸而又平淡的生活让年轻的他还是萌生了新想法。工作第二年，就深深感受到，已经能看到六十岁以后的日子。于是，1999年就和朋友合伙开了家软件公司。2000年，天使投资人一百万资金，让郭峰真正启动并开始创业路程。

说起第二次创业，他说还是因为一件小事让他下定决心，做了别人都不太敢碰的钻石。当时他的一个朋友结婚，因为没有钱，就托另一个深圳的朋友订制了一枚钻戒。见到钻石时，大家非常震惊，商场价八九千的钻戒，订制只花了一千九百九十九元。此时的郭峰深刻体会到，真正的电子商务不光是让人感到幸福和快乐，而是要实实在在地给用户带去价值感。于是，2007年10月，郭峰和他的伙伴拿出所有的资金在北京西单装修了“珂兰钻石”现在的北京体验中心，而他们四个人却在一个狭小的隔断房里，拥挤在几张办公桌上工作。郭峰说，他对现在的事业非常有信心，他现在的目标就是要带着他的团队，打造出一个全新的网络名牌！

第四辑

转型转出新天地

周防猛

芙莱克斯（厦门）服饰有限公司董事长
【淘宝商城名】 Deepocean 旗舰店

曾在日本三菱商事工作，从事服装的进出口贸易。之后，不安于现状的他，回国创办芙莱克斯（厦门）服饰有限公司并任董事长。

2008 年 5 月，芙莱克斯进入淘宝商城，开设了一家专营店，主要经营BLUERIVER蓝河衬衫品牌。2009 年底，创立开设了DEEPOCEAN深海旗舰店，打造百元左右自主品牌成衣。

张龙江

Seven Days 服装公司董事长
【淘宝商城名】 Jr旗舰店

20 世纪 90 年代初期，怀揣 5 万元的张龙江开始了他的创业之路，先后创办纺织，印染公司。2008 年 7 月，创办上海新天龙网络科技有限公司，并在淘宝商城开设了杰西简、JR、映生活三家旗舰店，成为传统行业向网上贸易成功转型的典范。

只许成功，不许失败

潘小璘：周防猛，是怎么样的一个契机让你开始走上创业道路的？

周防猛：我的创业跟其他人创业可能有点不一样，我倒没有特别艰辛的一个创业历程。我在日本一个大型的跨国公司里面工作了十年，随着中国对外开放的力度越来越大，我想在日本该做的事也做的差不多了，该回国来创业了。所以，那时候就回来了。

潘小璘：到现在为止，一切的发展和你当初的预计都吻合吗？

周防猛：某种程度上都超出我的预计。因为原来只想到做对日本的一些加工贸易，随着中国的改革开放和中国市场的不断扩大，我们也逐步渗透到国内市场销售。从 2008 年开始，我们又开始发展电子商务。两年来，借助淘宝商城的力量，我们的网店有了很大的发展。

潘小璘：张龙江，你创业的时候其实更年轻，是从零起步的是不是？

张龙江：对。1991 年，我开始给一个亲戚打工。我比较专注于研发，大概花了六个月的时间把大学纺织的整个学科都自学完成。所以，我在未来的工作过程中得益很多。当我觉得自己有一些能量的时候，1993 年，就开始出来自己做。到现在，经历了十七年。

潘小璨: 那最早出来的时候，是自己的资金还是向别人借来的？

张龙江: 借了五万块。我记得，大概前面三个月我就把它滚动到六十几万。

潘小璨: 其实，周防猛你那个时候已经有一份非常高的工资了，然后自己再说我要创业；但是张龙江你是从零开始自己出去闯。相对而言，哪一种情况的压力会更大一些呢？

周防猛: 我觉得我的起步虽然非常顺利，但是压力更大。因为第一，张龙江他年轻，他从零起步，即使不成功也能恢复到零，也没损失。第二，他可能二十岁的时候还是单身，没有负担，成功也好失败也好都不会影响到其他。而我已经有一份比较稳定的收入，而且养了一个家，这就意味着我只能成功不能失败。如果说，我一旦失败了，还要牵涉到家里人没法生存。所以，当时放弃那份工作的时候是下了很大的决心。但是觉得只有搏一搏，否则的话永远不会有机会，因为年龄毕竟一天一天大了。

潘小璨: 张龙江，你那个时候也是出于一份想搏一搏的心情开始创业的吗？

张龙江: 有点不同。我觉得那会儿是一种困境，因为是借来的钱，如果输了，你下一步该怎么办？可能不敢去想。另外一个最难受的就是，你每天必须把采购回来的产品卖掉，因为只有那么点资金；卖不掉，就变成库存。第二天，你只能去销库存了，销库存的结果就是可能你每天亏钱。我曾经有个最高纪录是将近二十天没有看见床，当然不是说没有睡觉，睡的都是在地上、汽车里、货仓里。基本就是二十四小时都在这个过程中，去跟踪货物，完成订单，把它销售出去。现在回想起来，那个时候蛮辛苦的。

潘小璨: 我还听说，你那个时候还有过哭鼻子的经历，这是怎么回事？

张龙江: 那时候刚刚出来创业，我原来的老板也是我的舅舅，就立马成为我的竞争对手。那时候，我觉得这个世界好残酷啊。我很辛苦的去找到一些供应商，因为我没有名片，也没有电话；所以，我留了电话给供应商的是我原来的老名片。

潘小瓅： 就是你舅舅厂的名片？

张龙江： 对。然后他们就跟我舅舅联系了，说这个产品可以给你供货，很便宜。我舅舅是晚上十点钟跟我打电话说，那个供应商跟你联系了。我马上就出发，是从绍兴到苏州，早上八点钟到的，跟他谈合约。但是我舅舅早上九点半就到了，他是早上五点钟就出发了，开车去的，我是坐公交车过去。马上就成为竞争对手，但是对方还是比较坦诚的说："你是第一位来的，所以，两个人就一人一半。"但是，我那时候还觉得舅舅怎么可以跟我抢货？

潘小瓅： 那个时候是你舅舅跟你抢货。但是反过来说，你当时从舅舅的厂里出来，自己执意要做这个行业的时候，应该就知道跟你舅舅是要成为竞争对手的。

张龙江： 是。但是一开始嘛，你想二十岁的时候，哪受得了这个打击呀？所以，就在回家的路上忍不住哭了。

潘小瓅： 为什么没有在舅舅的工厂做下去呢？

张龙江： 当时，我感觉原来的公司可能满足不了我的发展，而且自己想放手去研发或者怎么样，可能没有这个空间，我就出来了。

破釜沉舟的转型

潘小瓅： 你在创业的道路上，做过的最艰难的决策是什么？

张龙江： 转型。转型很痛苦，我可以用破釜沉舟来形容我在1998年的转型。我是一直做内销批发的。1998年，我突然有一天想到：我二十三四岁，不太可能在这个市场里面做到退休吧？有一天，一定会走出这个市场，那么我该怎么做？我觉得我应该国际化，去做国际贸易。第二天就跟我的团队说，从今以后我不再进这个门市部，我要去做国际贸易；你们把库存卖完，我去寻找市场。那时候，这边是每天有稳定的收入，那边是零，就这样开始了。但因为不了解，开始半年就跌了一个大跟斗，把所有原先赚的钱全部都亏完了。

张龙江： 但是幸运的是，因为我比较讲信用，所以客户虽然让你赔钱，但还继续给你订单。最后，大概花了一年时间就又赚回来了。

潘小瓅： 差不多就在 2002 年吧，在张龙江往外看的时候，你回到中国来看中国的内销市场了。

周防猛： 对。我正好跟他恰恰相反，我们这个企业原来是做日本市场的。2002 年，我来了以后，和我的合作伙伴、日本的总公司共同出资来做国内市场。其实，做国内市场我是一点经验也没有。当时我对国内男装衬衫市场做过一个调研，发现衬衫确实是很多，铺天盖地；但是真正高品质的衬衫几乎是见不到，哪怕是在再高档的商场里面也微乎其微。我当时就想，在日本，男装衬衫就是一个工作服，但是却非常时尚化。所以，当时就想在男装衬衫这一块市场上面从高端入手，把日本的款式、日本的品质带入中国的市场。

潘小瓅： 当时中国的市场能够接受吗？

周防猛： 我是 2002 年 10 月份开的第一家专卖店，当时完全是把日本的款式，就是比较鲜亮颜色的彩条、条纹，然后领子压线也压的比较宽，跟国内市场完全是两种风格，在专卖店里面就上柜了。所有周边的朋友或者同事看过以后，都给我提反对意见。说你看看，所有的店里面有没有像我们这样的衣服？这种衣服虽然特别时尚，特别鲜亮，但是中国的消费者能不能接受？

我就给他们分析了一个数据。我说，如果十个男士里面有八个相对比较保守，他只能接受比较传统的深色的衬衫，那么可以给他挑选的店铺，衬衫的品牌可能是二三十个。那反过来，这里面只要有两个人，也就说 20% 的人是时尚人士，他到其他的店铺根本找不到这种时尚的衬衫，只有我家一家有。那么，从整个的客源的占比来讲，我是远远比其他人家客源高的。

潘小瓅: 张龙江，你现在还是大部分外销吗？

张龙江: 我其实有很大的转变，从最开始的国内批发转型做国际贸易，从最粗浅的供给国外的批发商，再转型到目前，我已经供给世界一级的这些品牌商：阿玛尼、Max Mara、 BCBG。我也同样从事电子商务，也收购了一个香港的设计师集成品牌店 Seven Days。

潘小瓅: 就是继续往下游走。

张龙江: 从国际贸易慢慢转成我们直接做零售，当然先立足于国内。国内的内需市场在未来的十年、二十年可能有很大的潜力，所以我们专注于在这个零售市场的发展。我觉得，不能永远为他人做嫁衣，这样就没有主动权。所以，未来如果要发展，我觉得拥有定价权可能是最关键的。

潘小瓅: 你当时的核心竞争力是什么？

张龙江: 微笑理论的两端：研发和通路。

潘小瓅: 所以，从来都不是价格。因为很多人说，在中国价格就是杀手锏。

张龙江: 从成本竞争的角度来讲，你可能没有办法跟大规模的生产企业去竞争。所以，你应该用相对巧取的做法，从别人不太愿意钻研进去的地方入手，你能够深入到这个核心的技术。从市场通路打开国门，应该到国际市场去。我的观点是不要做产业链的下端，要往上走，越往上走，挑战越大。这样，你能获得的空间、或者持续生存的能力就会加强。

潘小瓅: 在做外贸的过程当中,你作为供应商从这些大的品牌那边学到些什么?

张龙江: 我觉得是话语权。当你能够持续发展的时候,你就需要话语权、定价权。因为你直接面对消费者的这个环境,这个时候你能够决定你的产品,能够决定要如何去面对消费者。我们以往做中间商的时候,都听命于客户。那个时候你会很困顿,因为你的客户如果说错的话,可能你的方向就错了。

潘小瓅: 就服装业来说,你觉得中国本土的品牌和欧洲的这些大的品牌之间的差距到底还有多少?

张龙江: 我觉得有差距,但是我们中国的时尚业成长的阶段还只是在初级阶段。国外的品牌很有力量,它是通过很多年的沉淀而形成的一种文化的力量。中国的品牌当然也会成长起来,只是说它经历的历程还只是开始,而且我们发现国内已经有很多品牌在逐步成长。我相信,过一段时间以后,很多的国内原土品牌会不光在中国站住脚,还会拓展到国外去。

潘小瓅: 周防猛你怎么看?

周防猛: 我的意见跟张总有点不同。你看日本这几年那么发达,它没有很多打得响的国际大品牌,其实一些大的品牌还是集中在意大利、法国等本身品牌文化比较强的、有历史的一些欧洲发达的国家。

潘小瓅: 也需要一个时间积累。

周防猛: 对,要一个时间积累。国内现在的这些品牌在国内影响力越来越大,但是,如果到欧洲市场去打天下的话,我觉得没有这么好的市场能够接受中国的传统文化品牌。

潘小瓅: 就是说你要做品牌的话,中国的门槛低,欧洲的门槛比较高。

周防猛: 对。我认为,中国的品牌在中国可能会打出一片天下来,中国毕竟是十三亿人口的大国。假如我把投入全放在中国的话，可能要比把投入放在欧美的国家要更划得来一点。

潘小璨： 所以，今天两位都同意的一点，就是服装业的未来在中国本土。

受困的突破

潘小璨： 你那个时候并不是精通英文或者日语的是吧？

张龙江： 那时候完全不会说，我说学英语是被逼的。因为要边工作嘛，去学夜校可能达不到我的目标；所以我就请了一个韩国的员工，我请他讲英语不要讲韩语。我每天晚上请他去喝啤酒，因为我是老板，所以不会说没关系，我把“昨天”说成tomorrow（明天），把“明天”说成yesterday（昨天）。我会把很简单的话讲错，但是他会明白。经过每天跟他在一起喝杯啤酒，因此建立起信心。所以三个月后，我就买了一张机票把自己丢到纽约，回程票是二十天以后，把自己扔过去跟客人去混。

潘小璨： 你自己去跑单子吗？

张龙江： 对。

潘小璨： 你的第一笔单子是哪里来的？

张龙江： 第一笔单子是拿了样品跑到广交会，在门口派发。反正语言不通，我就直接把样品给他，上面有我们的联络电话和样品。突然，大概两个月以后，有一个电话打过来说，想要我们的产品，让我去杭州机场接他。就接下来第一笔，我记得是六十三万美元的订单。

潘小璨： 你是美国加州科技大学的MBA，什么时候去那儿读书的？

张龙江： 2001年到2005年我读完这个课程，它除了一部分远程教学在中国，还有大概一个多月的时间是在美国加州。对我受益匪浅，我管理的起点是从那里开始的。

潘小璘：那个时候，怎么想到要去读书了？

张龙江：受困嘛。你的企业越来越大，面对的员工越来越多，你会发现你的管理手段不够了，或者说管理思想不够了，或者是方法欠缺了。我觉得，那时候更多的是学管理方法，之后才会去学管理思想。一些类似像绩效管理、人力资源或者是制度建设、质量管理，这些内容我们在高中时代是没有学过的。创业的时候是像个体户的作战方法，当你成为企业的时候，就不能用原来的这种方法去实施管理，所以需要提升。

潘小璘：现在两位公司实体的零售店各有几家啊？

周防猛：我这边实体线下的零售店，现在加起来是九十二家，我主要是在一些高端商场里面设柜。除了实体店以外还有线上的，在淘宝商城上开了三家店：一家专营店，还有两家旗舰店。

张龙江：我们现在目前是十一家，基本上每个月新开一到两家。到年底的话，一共三十家。

潘小璘：周防猛，你先是在全国铺实体的店，然后再开始网上交易；但张龙江你是两方面同时推的，是不是？

张龙江：对。但是会有一点区别，网上这个系列的价格或者是定位，会更符合网购。

潘小璘：现在，在收益上面，网络销售大概占多少的比例？

周防猛：我的网络销售毕竟是从2008年开始起步，占比可能还不到20%，还很少，但是发展前景蛮好的。因为线下的实体店，其实投入特别大，要房租、装修、备货品；而网络这块相对它运行的成本比较低一点。所有的货品都由总公司统一调配，销售物流都由总公司统一操作，只不过是通过网络这个销售渠道来销售这些产品。所以，整个产品的销售成本会比实体店要低一些。

张龙江：像我这边会分成两条线，两个完全不同的团队：一部分经营网上，一部分经营实体；设计师、经营的人员，包括市场推广、营销管理都不同。我们期待中国的网购市场会逐步的提升，网民对网购的信任度提升以后，可以在网上买到不止是因为便宜的产品。我相信，目前价格可能很关键，但是未来我相信服务同样很重要。

潘小璘: 现在，网络销售在你整个一个销售中占比多少？

张龙江: 我真正开始也是一年时间，占比也只有 10%到 15%。

潘小璘: 两位觉得网购的消费者和实体店的消费者的品味和他们对价格的需求，有什么样的区别呢？

张龙江: 可能一千块的衣服你不在网上买，你会在商场买；可能两百块的东西你会在网上买。本身你是个消费者，只是你的消费习惯不一样。我们期待你一千块的衣服也同样在网上买，这个时候我们就成功了。

潘小璘: 怎么能够让自己网络销售的服务质量凸显出来呢？

周防猛: 其实，大家对网络购物还是心存疑虑的。万一买一个东西质量不过关，会产生纠纷。现在我们操作的这块是淘宝商城，淘宝商城有个承诺，就是七天无条件退换货，而我们对客人的承诺是没有时间限制的退换货。我觉得，可能在这件产品上我亏了本，但是在我这个品牌或者是对消费者的信誉上我赚了。

另外，客服的培养教育特别重要。一般消费者会提出很多问题：尺码的问题、款式的问题、材料的问题或者是对产品的服务问题。我们的客服人员对这块的服务要做到尽善尽美，一个要对自己的产品有充分的了解，对客人有问必答而且要答到点子上；还有要让客户买得放心的话，要对客户有所承诺。这就是一项服务，只要第一次服务做得好，下次他肯定还会来光顾你的店铺。所以，这个服务其实比线下的服务更重要。因为线下是一个直接面对导购的服务，产品可以摸得着看得见，可以试穿。但是线上就不一样了。

潘小璘: 你碰到过最难缠的售后服务的案例是什么？

周防猛: 一件衣服退换几次，甚至穿过以后又认为不合适，再来退换货。像这样的退换货，我们也接受，照样退给他。

潘小瓅: 你就把他看成一个客户服务的成本了。

周防猛: 对。要在线下的一些商场销售，其实存在很多运营成本。那么，网络相对来讲销售成本会低一点。所以，你要把网络特性的这部分销售费用，测算到你的整个费用里面。

潘小瓅: 你有自己的网络公司，运营自己的网站和通过像淘宝商城这一类的网络购物平台来操作有什么区别?

张龙江: 我们两个同步走。一个是借助淘宝商城这一块，在营销的客户群体来说，它有很大的力量。我们自建平台，有我们自己的特色。比方说，拍摄的效果、展示的风格等等。我们同步走的原因，是一方面我们需要销售的支持；另一方面，也需要提供我们的特色服务给客人，在慢慢积累一部分客人以后，然后去做影响。

潘小瓅: 我听说，你在设计一个三维的网络商城?

张龙江: 我们讲 3D 商城。你可以把你的脸、你的体型、你的头发、你需要的风格在网上自由选择，然后选择一个动漫人物。

潘小瓅: 就像 3D 游戏一样?

张龙江: 是的。选择了动漫人物，进入我的 3D 商城以后，就像一个游戏空间。你可以点击我的服装试穿，可以跟客服进行互动，甚至可以通过试穿的搭配去体现你对审美的感觉或者你的需求。我们主要是增强客户的消费体验，增强他对这件产品的认识，也增加他对这件产品下单的欲望。

潘小瓅: 有没有可能说，哪一天电子商务真正能够取代线下实体购物经验?

周防猛: 我认为完全取代不可能，但是电子购物的量一定会逐渐增长。

潘小瓅: 像 PPG 这类的公司没有实体店，全部投入都放在广告、电子商务的宣传上面，它们这一类公司是你的竞争对手吗？

周防猛： 它们是完全在电子商务这块平台来操作商品，它的商品肯定是找其他的工厂去外加工。它有一个缺点就是供货能力和品质的管理，但它销售团队可能很强。我们既是厂家又做销售，质量管理可以完全把控，包括货品的供货量。一旦一件商品成为热卖产品的时候，我可能三天、五天，货就上来了。

执着坚持，梦想总有实现的一天

潘小瓅： 周防猛，你怎么看新一代的创业人呢？

周防猛： 新一代创业人确实有很多机会。像张龙江刚才说的，他从五万开始，三个月能赚到六十万。实际上，一般的国家不可能有这么一个机会，只有中国有；所以，他们确实是抓住了机会。可能我在他创业的年龄的时候，根本就不存在这样的机会。今天，再拿五万，在三个月内赚到六十万的这个机会可能又没有了。毕竟整个一个商业也好、社会也好，经济趋于一个平稳状态的时候，难度也比较大。所以，机会对一个人特别重要，当然努力也是一件非常重要的事情。我在日本的时候，为什么执意要回来？因为我每三个月就到国内来出趟差，跟国内的各界人士打交道时，总觉得这个做的成功，那个人也成功。

潘小瓅： 从表面看，中国真的是满地都是金。

周防猛： 对。商机特别多，所以，每当回到国内出差的时候就想赶紧回来。要是再错过这个机会的话，可能就没有发展的机会了。但是，回到日本以后，马上心态就平稳下来，懒惰下来。

潘小瓅： 我觉得，在发达国家生活会消磨意志的。

周防猛： 对，星期一到星期五上班，休息天的时候带着孩子去逛一逛，过的也轻松。但是，你想做一件自己喜欢的事情却做不了，你一定是在社会里面随波逐流。

潘小璘：现在创业是不是更难了？

周防猛：我认为是更难了。

潘小璘：张龙江呢？

张龙江：我不那么认为。你看，我们还在不断的转型，每年还在不断找新项目。我觉得商机越来越多了，只是说方式、形态不一样。现在是知识经济的时候，我们那时候可能只是打拼、努力就可以。现在你掌握知识，掌握技术的话，我觉得你的商机可能会很大。我们也从身边发现比我们年轻三五年，或者依靠网络迅速成长起来的人，远远要超出我们，甚至让我们汗颜。所以，我觉得应该是商机更多，只是它的表现形态不一样。

潘小璘：你觉得无论时代怎么变，创业人的精神当中不变的是什么？

周防猛：执着。只要有执着的精神，再艰难的时代总会成功的。

张龙江：坚持。一件事情其实没有特别的好坏，这是你的梦想你愿意去坚持它，它总有实现的一天。

潘小璘：周防猛，你为创业的执着而做出的最大的牺牲是什么？

周防猛：最大的牺牲就是在我孩子最关键的年龄，离开了家，独身一人来到国内。我回来的时候，家里面也做过很长时间的讨论。如果说，继续留在日本做个普通的工薪阶层，那这一生中就没有创业的机会了。但是我第二个孩子在上小学三年级，是最需要父爱的阶段；我一个人过来，把两个孩子全部交给太太一个人来照顾，对我们家庭来说是一个最大的损失。现在孩子也大了，偶尔回去的时候，跟我已经不是特别亲近了。可能我再过十年以后要退休了，退休后回想起来自己最美好的时光，和孩子其乐融融的家庭氛围的生活就失去了，以后就没有了。

大概在三、四年前，那个时候孩子还小。回去的时候，难得一家四口聚在一起吃饭的时候，小儿子就讲了一句话："难得有这么一个家庭气氛，全家聚在一起。"孩子是无意中讲出来的这么一句话，我听了以后是很心酸的。孩子也知道，父亲不在身边的家庭是不健全的家庭。可能到他长大了，他能独立的时候，不一定需要你这个父亲。但是在他成长过程中，某种程度上还是希望有个父亲在身边的，而这个时候我又不能在他身边。所以，对我来讲最大的痛苦就是这件事情。

潘小璨: 有没有后悔呢?

周防猛: 后悔也不至于后悔，有得必有失，在这方面失去了，在其他方面我也得到了。比如，家人因为我自己个人的打拼有收入的提高，他们生活上也有更大的改善。

潘小璨: 你的两个儿子都在日本读书，你跟我们说，也没有计划把他们带来中国是吧?

周防猛: 老大马上面临着找工作。虽然我说创业那么艰难，其实中国还是有很多机会，有很多商机。从个人内心来说，如果是有机会，孩子愿意到中国来打拼。因为毕竟对中国的情况和对日本的情况都有所了解，有语言上的优势和对两地文化了解的优势。如果说，要从个人发展来讲，中国肯定机会更多。但通过我跟他本人的交流，可能他离开国内的时间长了，好像留在日本的愿望比到中国来的愿望更强烈点。所以，目前只能让他在日本自己先去找个工作体验一下，当他想到国内来打拼的时候，我再助他一臂力。

潘小璨: 那张龙江有什么事是你觉得有一点后悔呢?

张龙江: 不同阶段会不一样。我在早期的时候，可能对家人付出很少，因为专注于在事业上的打拼，无论是时间还是问候都少得可怜。对我来讲蛮幸运的，因为会得到团队的支持，家人的支持，甚至周边朋友的支持，让我在这个过程中比较顺利地成长起来。所以，我觉得没有特别说失去什么，反而觉得我付出的少了，可能他们给予多了。

潘小璐：你太太为你付出什么？是不是在服装设计上也给你一些建议？

张龙江：对啊。她也是一个特别优秀的服装设计师，做高级成衣定制，她从东京留学回来的。现在基本上是在相夫教子，只是偶尔会辅助一下服装公司。

潘小璐：咱们经常说创业不分大小，但是也有创业初期和创业成熟期，现在两位觉得自己的创业进入到一个创业初期还是成熟期了？

周防猛：我这边是初期。因为做的市场太大了，我才开始起步。虽然讲起来已经做了七八年了，但还是一个初期阶段。

潘小璐：张龙江呢？

张龙江：我是转型。因为从第一波的创业是传统产业，然后做国内、国际贸易。现在从纺织服装一个基础产业转型做零售，我把它作为第二次创业，再做转型。

潘小璐：张龙江你这么爱闯，有没有想过假如不做服装行业的话，会做其他什么行业呢？

张龙江：如果真的要我选择，我第一还是选择这个。另外，我觉得跟生活比较相关的生态方面我可能会去做，目前我也在慢慢地涉足这方面。其实，纺织服装业我们有两个说法，一个是夕阳产业，因为成本等原因它一直在往下走。但我们又可以这样去说它：它是个永远不落的太阳，因为衣食住行是所有全世界人都需要的。所以，我们只要在这个行业里面去专注、去不断深入给我们的客户带来一些价值，我们就永远有生存的空间。

潘小璐：周防猛，你怎么看你现在的这个行业？

周防猛：我跟张龙江有同感。如果说再选择做什么行业的话，我还是做服装行业。因为毕竟我在服装行业摸爬滚打了多年，对这个行业比较了解，自己也觉得把握性比较大。另外，张龙江也说过，这个行业虽然看起来是个不起眼的行业，但我们普通老百姓生活的最基本条件就是衣食住行，衣是排在衣食住行的第一位。那就是说，服装这个行业永远不会被淘汰，它永远会存在。随着经济的发展，随着个人经济收入的提高，人们对服装的要求会越来越高，对服装这个类别的支出也会越来越大，所以这个市场永远会存在。

【编导手记】

范冬梅

梦想照进现实

周防猛、张龙江，两个人从名字看很容易让人联想到一个词——猛龙过江。他们一个是“50后”，一个是“70后”，生于不同时代却都选择了服装行业作为事业的起点。经过多次转型，两人又同时把目光投注到电子商务领域，在淘宝商城上开始了再次创业。

初见周防猛，第一感觉就是这个老板凡事都亲历亲为。他自己开车去谈业务，亲自挑选面料，甚至当起了我们的司机，亲自接送我们；一点都不像一个拥有三家工厂，一千多位员工，九十二家门店的老板。

周防猛是南京人却把工厂选择在厦门，因为当时厦门是四个经济特区之一，对外开放的程度比较高。我见周防猛的那天是2010年5月14日，周防猛告诉我到5月15日，他来厦门就整整八年了。这个日子他一直记在心里，对于他来说，这个日子包含着太多东西：执着、努力、放弃、歉疚等等。八年前，他离开了还在上学的儿子和边工作边要带孩子的妻子独身一人来到厦门创业。在这之前，他在日本跨国公司三菱商事工作，在外人看来他衣食无忧已经生活的非常好了。但是，想要自己做番事业的想法一直萦绕在他的脑海中。终于他抓住了机会，和日本芙莱克斯公司共同出资成立了芙莱克斯(厦门)服饰有限公司。

主要做代工出口贸易的周防猛看到了国内市场的欣欣向荣，积极开拓国内市场，在高端商场开设门店。因为不断有人来跟他洽谈把他们品牌的衬衫放到网上卖，让他看到了网上的商机。他针对网络人群的年轻时尚的特点，开发出适合年轻消费者品味的衬衫系列并进驻淘宝商城，成为淘宝商城第一批的淘品牌，主要经营BLUERIVER蓝河衬衫品牌。虽然当时对电子商务销售缺乏经验，不过，在进入的第二个月专营店就创造了单品类目业绩的新高。2009年底，又开设创立了DEEPOCEAN深海旗舰店，打造真正意义的平民化衬衫品牌，价格基本在一百五十五元以内，以吸引想要淘价廉物美东西的消费者。

为了创业，周防猛不能好好地照顾家人；不过，凡是节假日他都会回日本去和家人团聚。今年，大儿子已经大学毕业要开始工作了，小儿子还在读初中。作为父亲，在孩子成长过程中最需要父爱的时候没有陪伴在孩子身旁，成了他最为后悔和歉疚的事情。他在厦门的家很大，不过因为他一个人住，所以显得空荡荡的。他坦言说，自己一般都会工作到很晚再回去。因为不愿意一个人回到那个空荡荡的家，那个家对于他来说只是一个睡觉的地方。这也许就是创业过程中的取舍吧，在得到一些东西的时候就意味着不得不放弃一些东西；而且，有时候这样的放弃是无奈又不可挽回的。

和张龙江的初次见面是在他们公司，别人介绍说他是张龙江时我还不太敢相信。因为我完全没法把眼前这个年轻的小伙子和拥有多家公司的掌门人给对起来。我猜测他可能是个“富二代”，不过和张龙江交谈之后我才发现原来自己猜错了，他其实是一个完全靠自己独闯天下的创业者。他的敢闯敢拼，想到什么就马上去做的精神让人印象深刻。

从当初怀揣借来的五万元，他开始了创业之路。二十四小时轮轴转让他得到了丰厚的回报，在三个月里就把五万元变成了六十万。这个听上去有点不可思议的数字，让我对他的成功产生了浓厚兴趣。他在一无所有的时候就敢下海经商，一句外语也不会他就敢做国际贸易，才学了三个月的英语就敢买张机票把自己丢到美国拉业务，把之前积累下的财富全部亏完却能在一年里又重新赚回来；似乎没有什么他不敢做或者是做不到的事情。

他把这一切都归结为坚持，他认为一件事情其实没有什么特别的好坏；因为是自己的梦想所以愿意坚持它，梦想总会有实现的一天。相信在他每次做出选择或者遭遇挫折的时候，都会用这句话来提醒自己要坚持梦想。

正是因为他的执着坚持，2008年底，他又从传统行业转型到互联网，在淘宝商城开设了三家旗舰店，包含了女装、包包、家居用品等方面。虽然他对互联网用得不那么熟练，但他的三家网店却做的有声有色。专门的设计师，完善的物流体系，完整的供货链，根据网络销售的特性更好地服务于网络消费者。

当谈到互联网经济时，两人的观点都非常相似，都认为以后的网购量会越来越大。正是看到了这样的发展机遇，所以两人才都选择在2008年淘宝网刚开始筹备淘品牌的时候，投身于网络。现在，网上交易每月的销售额都有六十万左右。

他没有因为忙碌而忽略家人，他在绍兴的一个山上开发了一个农庄，种上新鲜的蔬菜和果树。周末的时候，他会带着家人来农庄过周末。他有个两岁大的可爱女儿，带着女儿一起玩玩小兔子、摘桃子、采芦笋是他工作之余最好的放松方式。

两位的成功都源自于他们对梦想的执着追求。正因为此，他们才能在不断的转型中找到前进的方向，在遇到瓶颈的时候积极寻找突破口，在破釜沉舟之后依然能东山再起。正如那句歌词——只要坚持自己的主张，我们能让世界改变模样，拥有梦想能让奇迹从天而降，拥有梦想的人一定势不可挡！

第五辑

女设计师的网络传奇

淘品牌

徐巧芸

"后构想"品牌创始人
【淘宝商城名】后构想女装旗舰店

湖北师范学院2004届毕业生。为第一批由政府选拔出资赴法国留学的6名优秀设计师之一，已跻身中国顶尖设计师行列。2007年，"后构想"女装在淘宝上注册虚拟店。经过一年多的快速发展，如今正向实体店进军。

2002年由南昌来到上海，成为优秀服装设计师。同年，选择挑战童装网销。2007年，拥有了自己第一个品牌——"摩登小姐"精致女儿服，随之不断推出男女童装新品。其品牌在业内及消费者中相当有影响力。

吴芳芳

上海乾瑞服装有限公司总经理
【淘宝商城名】摩登小姐旗舰店

设计师？商人？

潘小璨: 你们给自己的定位是创业者吗？

徐巧芸: 我觉得，我给自己的定位还是一个设计师。我从小学画画，小时候的梦想有两个，一个就做职业女画家，另一个就是服装设计师。我比较幸运，就真的走了这条路。然后从大学毕业起，我就想象能够去到深圳，这样一个比较自由的城市去创造一个自己的品牌。那么，就在我打工三年之后开创了“后构想”。所以，对我来说最重要的还是去打造和维系这个品牌，而并不是说这间公司会有多少利润。对于我自己来说，品牌就像设计师的孩子一样，真的是一点一点地去浇灌它。从它很小的时候到现在有一点点规模，有这么多人在为它努力、为它付出，我觉得很幸运。

潘小璨: 芳芳你倒不是设计师出身的？

吴芳芳: 对，我跟巧芸唯一的不同就是我不是学院派。

潘小璨: 是自学成才。

吴芳芳: 对。但跟她一样，我从小就很喜欢这个行业。小时候的梦想不一定是做服装设计师，就想做与设计相关的工作；哪怕当一个建筑设计师，我也会觉得很快乐。因为我觉得设计师是一个创造力很强的工作。所以，如果说定位的话，跟巧芸一样，我们不会觉得自己是一个很纯粹的商人，我们会更像一个设计师商人或者是设计师创业者。因为我们都在打造自己的品牌，我做的是儿童服装。我喜欢服装设计，也特别喜欢孩子，所以把这两者结合起来，我现在的工作给我带来很大的快乐。

潘小瓅: 人家说这女人和孩子的钱是最好赚的，现在你们俩都占上了。巧芸参加过一个国际女装的设计比赛，最终是拿了铜奖，而且还获政府出资去巴黎留学读书。

徐巧芸: 对。我在法国的时候，学习很用功，经常拿班上第一名，班上有很多来自各国的学生。我们差的可能就是语言，但是其实就从手头上的功夫和设计上面来说，我们一点也不输给他们。我的设计作业，常常是全班最高分。我们有五次课题，我有三次第一，还有两次是第二名。

潘小瓅: 但到了法国之后，有没有这种感觉：巴黎真的就是时装之都？

徐巧芸: 有，有很强的这种感觉。

潘小瓅: 想过要留下来吗？

徐巧芸: 想过，也有机会留下来，后来放弃了。我觉得"后构想"更重要，我的品牌和我的团队更重要。我去法国之前，我就想过，去那儿学习一年的目的，并不是说要把一个设计图纸做得更精美；而是这一年的学习和沉淀正好可以停下来，把我对设计的思路理一理，然后把我的风格能够渐渐地趋于成熟、稳定。因为前面因为还年轻，很跳跃，一会这样，一会那样。

从法国经过系统的学习回来以后，我觉得做到了。"后构想"现在的风格定位就是商务女性，气质非常好的白领。衣服就不全是正统的西装这个概念，我们会有很多条纹出现在连衣裙里面，而连衣裙里面还会有花朵的装饰和很多层的蕾丝边、荷叶边这样的装饰。把一些女性的元素放到职业装里面去，一些优雅的元素放到正装里面去，结合起来以后，让更多的女性出现在她的职业场合里显得更美、更优雅。

潘小瓅: 有没有想过把“后构想”带去法国?

徐巧芸: 我想过。“后构想”带到法国,并不是它创业阶段和原始积累阶段,而是它的成熟期,也就是说我希望有一个网络品牌真正走向世界的展示舞台。有一天,“后构想”可以代表中国服装在世界上有一个亮相,而并不是说完全做产品。“后构想”我觉得还是蛮有希望的,可能五年以后,十年以后,没准哪一次的什么发布会里面就有人看上你的作品。

吴芳芳: 巧芸的意思是说,她的舞台是网络给她构建出来的一个更大的舞台。

潘小瓅: 是。

吴芳芳: 我们以前做传统渠道的时候,也经常参展。从第一次招商会就非常地成功,其实那时候我们没有任何名气,品牌也没有任何知名度。但是呢,按客户的话,说你的产品很抓眼球,会让人觉得非常喜欢,眼前一亮。那个时候,我们第一次、第二次的招商会开得都很成功,两届招商就大概招了七十多家客户吧。在当时来讲,还是一个不错的成绩。

这样的好日子,一直延续到了2008年的上半年。那个时候,我们整个经济形势还是非常好的,所以,过于乐观地估计了自己的市场。我们就把四月份开秋冬订货会的订单量稍微下大了一些,因为我们觉得下半年的市场肯定会更好。前期,我们老是处在一个不够卖的情况,就把订单量放大。谁也没想到,说九月份、十月份会有一个金融危机这种东西来临,大家都还没有感觉。其实,真正说金融危机对我们中国的冲击也不是想象中那么大;可是我们的加盟商和我们的很多代理商,他们的想法就不一样了,他就会觉得,现在的市场不是很好。

潘小瓅: 你觉得他们是怕了。

吴芳芳: 就是当时大家想回避一个风险。很多加盟商就说:吴总很不好意思,我们计划还是会按计划走,还是会继续再多开四五个店,但是呢，我们不在秋冬开了，我们在明年春夏开。

潘小瓅： 熬过这个冬天再说了。

吴芳芳： 对。他说我要看一看明年的形势，明年的形势好了，回暖了，那我们就开始继续做。那秋冬这个订货会的订金，我们也可以把它转成货款，拿走春夏的货款。意思就是毁约，不要这个订单了。一下，我们公司就陷入了一个很难的境地。因为你是小公司，你不是资金特别充足的一个公司。基本上，我们当时所有的流动资金，包括我们的资金都已经变成库存了，变成了一堆货。然后，我们也没有精力说，去跟客户一个一个打官司，一个一个说去追究违约。我觉得，这个时候互相体谅，我也能体谅大家的难处。那这个时候想到，我们就干脆发展电子商务吧。当时想法是说到网上去多开拓一块市场，就是多一个分销渠道。

潘小瓅： 反正怎么能卖就怎么卖。

吴芳芳： 对，自救一样了。因为我们当时基本上没有资金生产第二年春夏的货品了，因为资金全在秋冬里押着。而且我们整个设计部都觉得非常郁闷，又不是因为我们产品出了问题。我们产品很好，我们相信整个设计各方面都很好。但是呢，因为有些加盟商为了不把货订走，就会找一些产品的茬儿，说产品有问题怎么样的。眼看着产品变成了库存，对我们信心的打击是很大。所以，十二月份，我们就开始尝试电子商务。但 2009 年 1 月份开业的时候，我们又受到了很大的阻力，因为我们的代理商不允许我们在网上开店。

潘小瓅： 你们那个时候在网上的定价和线下的一样吗？

吴芳芳： 一模一样。因为没办法啊，我不能冲击我们的加盟商，必须要有这个商业道德。但是即便如此，我们的代理商还会觉得好像是触碰了他们的利益蛋糕。加盟商整个抱成一团，就是不让公司做。提出来说，如果公司继续走电子商务这一条路，那我们就集体不做了。当时，我记得很清楚，我们在去年四月份做出决定的时候，当时我们的电子商务营业额每个月只有五十万的销售。但是我线下的营业额，一年比较稳定的也是上千万了。在这个时候就要面临一个选择了，就是我线下这一块是否还要保留？当时，所有加盟商也到期了。

潘小瓅: 等于那个时候不像人家转型，慢慢地转。

吴芳芳: 我是一刀切掉了。

开启网络创业大门

潘小瓅: 线上跟线下的游戏规则是非常不同的。很多人说要到线上开店很简单，可能只要注册一下就行了，不用真的去开实体店。但是，实际上整个的运作过程还是非常复杂的，线上有它自己独特的一些竞争方式。

吴芳芳: 是的。线上竞争也是很激烈的，淘宝有几百万家店铺。我们初期进入淘宝商城的时候，最大的竞争是来自于价格。我看过巧芸的店和她的设计，我很喜欢。她的设计在线上来讲，走的是一个中高端路线。同样，我的产品品牌“摩登小姐”也是这样一个定位。当初，在我们定位的时候，自己都觉得是不是太高了。因为，当时整个电子商务网站的产品单价都是比较低的。

潘小瓅: 能不能透露一下，你们两个公司赢利大概在多少？

吴芳芳: 线上跟线下的产品倍率是不一样的，因为线下其实是有许多虚高的利润。这个利润并不是品牌商获得的，而是在这个环节中必须要付出的。比如商场的扣点，一些店庆活动，加盟商们的利润……这些都是要被扣除的。所以，真的品牌商的利润是很低的。因此，我们更多的是选择做线上，它挤掉了很多中间环节的成本，它很透明。我们线上的售价一般是线下售价的二分之一，就相当于吊牌价格的五折。纯利润在30%左右。

潘小瓅: 这个线上的利润跟线下比起来呢?

吴芳芳: 差不多,但是它的可控性好。

徐巧芸: 我倒不认为价格是竞争当中很大的一个因素,我们“后构想”从放到网上起,就没有做过价格的市场调查。2008年5月,我们一上线,价格定位就直接按照实体店来做。大概经过一个月的尝试期,发现一条裤子在网上卖四五百块,好像没有太多人能接受,我们自己也觉得是不是卖贵了。但是后来也发现,真正买了这条裤子的人,到现在她可能还是说“我现在储物柜里最漂亮的还是这条裤子。”有了客户的这些反馈,我们也就有了信心。那么到现在,我们也没有考虑要把价格降下来。或者说,就把淘宝商城这个市场定位成一个就是淘便宜货的市场。我们并不这样认为,我们认为它是一个新的商业模式,是通过网络和电子商务来实现更快捷的购物。

潘小瓅: 你们两个人因为经历不同,所以看法就不同。芳芳你是开过实体店的,最多的有多少家?

吴芳芳: 有七八十个加盟店,将近一百家店铺。

潘小瓅: 所以,芳芳是有过线下的经验,然后再到线上就有一个价格对比。但是对于巧芸来说,就没有这种比较。巧芸很典型,代表了这个年代一些非常有创意的年轻创业者群体。他们在选择创业时,接触到更多新的机遇;你们是不是在一开始创业时,就没有想过要去开实体店?

徐巧芸: 我们想东西的时候会比较简单,有时候就是身边一个朋友的一个例子。那时候,我做一个普通设计师,一个月拿几千块钱的薪水。他说我上个月卖了四十多万,我说“啊,四十多万啊!”那是我高中同学。

我心里想,明明我的专业比你好,成绩也比你好,我为什么会比你差呢?然后,我就清楚的从头问到尾。最后知道了是在淘宝上开了一个店,他再淘线下的名牌，像淑女屋啊，深圳一些传统企业大牌的尾货；就在这样的淘货的过程中，他一个月能做到四十多万的销售额。那个时候，我一听很惊讶，这个东西真的这么神奇！我就开始接触，然后就自己开了这么一个店。因为自己本来就有创业的理想。然后，还有就是我们这样的一批人考虑问题的时候，往往真的是很简单。我们叫“后构想”，它其中的一个解释就是先做后想。

潘小璨：就是凭直觉去做。

徐巧芸：因为你首先把一件事构想了太完整了之后，往往事先想到的困难和阻碍会让你畏手畏脚。我们一开始并没有考虑到利润，考虑到会有多少客户购买才能收回成本，连价格都没有到淘宝市场上去做调查。我们还都不知道在淘宝上有大量五块钱一件、十块钱一件的衣服，我们就是说想做一个品牌。接触了电子商务，把我们喜欢的衣服一件一件地展现在消费者的眼前。我们就这样做了，慢慢就做成今天这样一个网络品牌。

第一位客户

潘小璨：两位对于整个市场的研发和运作团队的管理是挺不一样的。芳芳是先做很多数据分析，巧芸是我做了再想。但是我相信有一点，线上比线下可能更为重要就是你们的客户服务。因为网络是你们唯一可以跟客户接触的通道，所以，我想问你们两人还记得当初最早的一个订单吗？一些老客户现在还保持联系吗？

徐巧芸：保持联系，我们的老客户非常稳定。从一开始我们连吊牌、包装袋都没有，店铺也是零信用，到现在，一直都还是我们的客户。第一个买我衣服的人是叫唐风华，她是山东一个轴承厂的老总。我们刚开始做的时候，放到网上的第一个产品就是一条雪纺裤子，当时就卖四百九十九块。那天我还记得特别清楚，一大清早的时候就听到“叮咚”的响声，然后大熊就起来了，跑过去了。

潘小璘： 大熊是你男朋友？

徐巧芸： 对。然后他就说：你快起来，你快起来，有人要买我们衣服了！好像是小孩子一样。我说怎么这么高兴，我也上去看了一下。然后，这个人就问了几个问题，很简单，也没有讨价还价就买了。她也不介意你是零信用，就喜欢那条裤子。卖了以后，我们就慌了，说这怎么办？吊牌也没回来，还在工厂做，外包装也还没回来。然后，我们就用超市里面红色的塑料袋，就是买菜用的那个塑料袋包起来了。然后我就去名片店印了一盒名片，名片就是按照吊牌的方式印的；上面有一个标志，我就在上面签了一个名“徐巧芸”。我说我不是明星，但这是我自己的品牌的第一次成交，这是很有纪念意义的。然后，这个衣服就这样送到对方手里了。

过了大概一两个月吧，我们价格上有调整了。因为觉得在网上，那个时候一条普通的雪纺裤子卖四百九十九实在是贵了，我们降下来，降到三百九十九，少了一百块钱。这个时候，这个唐女士还是会来买我们的衣服，但是她一点都没有介意说这个价格降下来。但我们就主动跟她说，你上次买的那个裤子我们现在降价了。这有一百块钱，如果这次成交呢，我就把这一百块钱放在快递里面给你寄回去，或者折到你这次交易金额里面。后来，她也经常给我发短信，短信里面写的东西都非常感动我。她说，“我是看着你们成长起来的，我真的希望你们越做越好。”

因为销量的突然增长，我们不停地加入很多新人，客服的岗前培训可能还没有做到位就上岗了。有一天，正好一个新客服人员就服务了我们第一个金子客户、这个唐女士。可能说话不太注意吧，就让她有点生气，投诉到我这儿了。网络上面给我留言，说的话让我非常伤心。她说“后构想已经不再是我认识的后构想了。”

当时看了以后，我就马上给她发短信、打电话。她当时真的很生气，没有接。后来，我就跑到销售部说：今天一定要查出来，到底是谁做的这件事情。这是我们第一个客户，“后构想”就是因为有千千万万这样信赖设计师力量、信赖这种小规模的客户才做起来的。消费者可选的范围实在太大了，不管是国外的名牌还是国内的名牌，在这么多选择的范围里面，她选择了这么一个势单力薄的年轻设计师做出来的东西，她真的是非常希望有新的力量出现在市场上。而且，她是我非常尊敬的第一个客人，“后构想”如果说连这样的服务都做不好，连这样的老客户我们都可以去伤害的话，那我们就没有必要再做这个生意了……

说着说着，我自己流泪了，我哭了，我当时很激动，我说今天一定要把这个人找出来，这个人一定要炒掉。后来，那个小女孩辞职了。过了几个月，她又给我们打电话，还是想回来。然后，我又给了她一次机会。回来以后她做得很好，现在也在负责一部分业务。这个唐女士，她后来也都知道了，她在短信里一遍一遍地安慰我，说“很多事情你可能监控不到，那我告诉你呢，是希望你的品牌越做越好。我并没有责怪你的意思，我们是朋友，而且永远都是。”

潘小璘：你后来跟她聊过，为什么在这么多商家当中她最终挑中了“后构想”吗？

徐巧芸：我没有跟她聊过。但我自己是这么理解的，我觉得人都是各种各样的，人的思想也是各种各样的。她为什么会喜欢你？就是因为她脑筋里面的这个精神世界，跟这个设计师的精神世界是相通的。就像我们的衣服里会经常使用一种面料叫欧根纱，这个真丝很容易皱，很难打理。但是只要是喜欢你的设计的人，就会觉得这个东西就是这个品牌的一部分。就好像我们大学时候上的那个艺术概论课，说当一件艺术品在我们博物馆门关起来的时候，这个艺术是没有完全完成的。只完成了一半，是创造者给它的那一半。那么，只有欣赏者走进来了，理解它；这件艺术品才完成了它的全部价值。我觉得，对于一个消费者和一个设计师来说，也是一样。我们做的是前面的50%，只有当一个消费者，他把他对这件东西的理解和认可完成以后，你这件作品才真的成为一件产品了。所以说，为什么世界上这么多选择，还是有些人会去选"后构想"。因为人的脑子里面的想法是千千万万的，那么设计师去打动消费者的，永远是消费者内心世界的一部分，跟设计师放到产品里的这部分精神层面的价值有重合、有共鸣的。

我觉得，所有做设计师的这些人们，我们放进去的这个叫做"品牌精神"；如果能够一直坚持下来，那么你的客人就会越来越多，你的市场就会越来越大。而并不是说，通过一个广告效应、通过一次促销、一个打折去吸引一次比较高的销售业绩。而做品牌是慢慢积累的，就是把你对美的理解，对精神层面的这种价值的认同感放到你的产品里，等着跟你一样的，可以产生共鸣的消费者选到你的衣服，看到你的衣服，粘在你的品牌上，跟随你这个品牌。那么，这个品牌就成长起来，这个产品就可以称其为一个品牌。

品牌跟产品最大的区别就在于，品牌是让消费者去消费这个品牌精神层面的东西，而产品是让消费者消费它的实用价值。女人每一年都要从衣柜里面清出好多衣服去扔掉或者去送人，可是她们一到拿工资的时候，第一件事肯定会想，我要去买件什么样的衣服。女人就是善变的，她对美的认识也会变来变去，可是她内心的这种真、善、美，我相信都是有的。所以，作为设计师的我们这样一群人，就是应该性格上比较简单，然后考虑问题也是比较简单的。

吴芳芳：我觉得设计师品牌，它的迷人之处往往在于，你的客户都是一些和你很像的人。因为他们追随你的理念，他们欣赏你的设计。有的时候，你为什么会觉得你的客户跟你之间的距离那么容易被拉进，原因也是在于你的客户跟你是非常像的一类人。你们的喜好，包括你们对设计、对产品的认知都是非常相近的。我们这些客户虽然素未谋面，但是我相信我们是心理相通的人，气场很相像的人。

潘小璞： 芳芳，你还记得你的第一位客户吗？

吴芳芳： 记得。说到我第一张订单的话，因为我应该是中国电子商务第一代了，那时候甚至还没有淘宝，只有易趣。我那个时候在网上也是销售一些自己设计，包括自己喜欢的产品，就我一个人带着一个小助手。所以，那段时间基本上所有的客户我都认识，因为我们都有很密切的接触。

我的第一份订单跟巧芸差不多，但是我们那个时候没有旺旺，所以就没有“叮咚”那一声，我们是一封邮件。这封邮件当时让我们两个人很兴奋，因为第一次有人跟我们订货了，因为那一天才刚刚开始把货品上架。而现在大家看到的淘宝，电子商务图片拍摄的非常精美，很能打动人心。我们是第一代，我们那个时候没有任何经验和任何成功的模式可以借鉴。甚至我们第一批的产品就是放在我们家的地板上，拿了一个最简单的傻瓜照相机拍出来的照片，都没有经过太多的图片处理，就这样上架销售了。所以，我们当时的想法就是不知道会不会有人喜欢？我们只想说，它的实物很漂亮但我们表现不出来，因为技术就如此。

第一张订单我记得很清楚，是一个台湾客户，名字我也能记住，叫爱丽丝，因为她是用英文名。她当时非常喜欢我们的产品。她们叫“网络”。她说在中国网络上能找到这么可爱的童装，她真的很喜欢。

潘小璞： 那个时候是女童装？

吴芳芳： 对。她很喜欢。她自己有两个女儿，一个两岁，一个四岁，她在我们店铺里订了很多。当时第一笔订单有一千多块，可能在现在店里一千多块不算大的订单，但在我们那个时候觉得一千多块是天文数字了。然后也是一样，在接到订单后就开始手足无措了，因为不知道怎么发货。

潘小璞： 你们真的是电子商务的第一代人。

吴芳芳: 现在跟同行聊天。她们说,你们还经历过用邮包发货的年代。我说对,就是一针一针的要缝邮包,然后要送到邮局去。所以当时拿到这张台湾订单就不知道怎么办了,也很迷茫。最后还是客户帮我去打听,因为客户以前在日本网络上买过东西。她说我给你一个电话号码你去咨询一下,这家是可以发台湾快件的。那我就去咨询,当时因为也没有经验,可能对方也看出来,所以要了一个很天文数字的运费:一千多块。然后,我就忐忑不安地再发邮件给我的客户,我说这个运费要一千多块你能接受吗?然后客户说,我还是很喜欢,还是接受了吧。在若干年后,我们知道,根本不需要这么贵的运费。

卖的是设计,不是布料

潘小瓅: 你们的产品都是针对白领和年轻妈妈,这些人都有一定的经济基础;很多时候喜欢逛街,喜欢购物,要的是那种一个身临其境的感觉。那么,什么样的人会真的喜欢到线上去买东西呢?你们触动客户的是哪一点呢?

吴芳芳: 这也是我们曾经思考过的问题。实际上,我一直在想,我们的产品怎么样去打动人心,打动我们的客户?因为网络虽然说是一个新型的事物,但网络上竞争也是很强的。在这么多店铺中,他怎么样注意到你,并成为你的忠实客户,这也是我们在最初的时候考虑最多的一个问题;但是很快我们的这种疑虑就打消了。因为我们是设计师品牌,我们有自己独家的东西,我们能够反映的就是我们自己的理解。设计是一种力量,本身你的产品已经足够可以打动人心,可以去触动到你的客户,再赋予它一些文化上的东西就更加完美了,那这些东西很可能就是最打动人心的地方。

有一次，我们的一个客服人员给客户回了一句话，我当时说她不够礼貌，不该这样回。但是她的那句话其实让我触动挺大的。因为有的客人会问：同样是小裙子，为什么人家卖几十块，你们家要卖一百多块呢？有很多客户会有这种质疑，特别是新客户。我们的这个小客服她想了一分钟，然后回答说“亲爱的，我们卖的是设计不是布料。”就是我们会很自信，认为我们的产品物有所值，当客户收到的时候也不会失望。我们基本上没有投过太多硬广告，我们都是通过客户的复购和口碑做起来的。到现在，我们在淘宝商场上大概做了一年多的时间，就已经是淘宝网站里这个行业的冠军了。

潘小瓅：那赢在哪里？还是在设计上？

吴芳芳：可能不单纯是设计，设计只是一个层面。经过我们这么多年线下的积累，我们对中国客户的喜好把握度还是有的。我们会比国外的品牌更了解中国市场，更了解我们中国父母的穿着喜好，给孩子打扮时候的穿着喜好，这些经验在无形中也能起到一定的作用。

潘小瓅：我也有一些设计师的朋友，他们也是在欧洲的一些设计学院毕业的。他们在欧洲也有过这种创业的机会，到了中国也尝试过创业。他们那时候就跟我说一句话，说其实在中国创业与欧洲相比要更难。因为这个市场太大，如果没有一定的规模，很快就变成池子里面的一条小鱼，被人吃掉了。两位在这个大市场，有没有感觉到这种竞争压力？

吴芳芳：你朋友的这句话我很认同。因为在中国现在这个时期，老百姓更多的会相信品牌效应。为什么说设计师在国外有更好的土壤，更好的市场，是因为国外的这种消费理念，包括是买衣服这种消费理念都已经相对比较成熟一些了。像法国、英国，你走在路上可以看到很多设计师开的专卖店；而且会有很多人捧场，会有很多老百姓愿意接受这种新兴的事物，愿意接受一个新牌子。哪怕你是一个没有名气的品牌，还卖很贵，他都能理解，因为他们的消费理念已经到了一定成熟的阶段了。

潘小瓅: 但是在中国,就会有人质疑为什么你要卖这么贵。

吴芳芳: 而且他会给你做比较,人家大品牌才卖多少钱,你为什么要卖这个价钱。

潘小瓅: 那么,这种时候你怎么说呢?就摆出一副我就是设计师的态度呢?还是说,的确这个市场的现实我是要考虑的?

吴芳芳: 巧芸的很多东西我还是蛮欣赏的,因为她能够坚持很多东西。对于我来讲的话,我会更多地去结合一些市场的东西,因为我是一个从传统公司转型过来,我本身就有自己的团队了,所以我需要对团队负责,对企业的运营负责。所以,我们在更多的时候,会稍微再做一些取巧,比如我们会根据中国现实做一些改良。因为毕竟我的产品跟巧芸有很大的不同,我是童装。童装你不但要取悦孩子,还要取悦孩子的父母,甚至可能还要取悦孩子的爷爷奶奶,你要取悦三代人,你要尊重中国三代人的喜好。但是,巧芸这边你可以说,我只要我喜欢就可以了。

徐巧芸: 其实,我们家很少有人跟我们说,你们衣服为什么卖那么贵,很少。

潘小瓅: 是吗?

徐巧芸: 我们刚才说,为什么人家会选你的衣服,还有那么多几十块钱的衣服摆在旁边他没有选,因为我们在网上做有一个好处,它是全方位地给到客户的这种感觉和信息。

潘小瓅: 怎么说?

徐巧芸: 就是你在店铺里,你只能看到这个衣服,摸到面料,可以穿上身,但是你在店铺里看到的是相对更完美的一面。而我有文案,我有主题故事,我有一个系列的各个角度穿好以后的效果。

潘小瓅: 就是设计师自己的见解。

吴芳芳: 包括设计的灵感。

徐巧芸: 就是你可以看到你穿好以后的正面什么样,侧面什么样,背面什么样。像我们刚刚做了一个“我爱匹诺曹”这样一个主题故事，就写的说“如果双眸是乌黑，所见是苍白。如果生活是浊黑，灵感的是纯白……”我们把这个文案写得很美。最后说，“我爱匹诺曹，爱说谎的灰”，因为我们的系列是灰色的。首先，当消费者看到这段文案的时候，她可能已经认同了你，已经认同了这种就是美的了，她的标准已经跟着你上去了。

吴芳芳：她先从文化上下工夫。

徐巧芸：对。这个时候她看到产品，她就不介意说，这个地方是卖四百五十五元一条裙子的，另外一个地方卖四十五元一条，她们已经没有这个概念。

潘小瓅：她的思维方式已经跟着你走了。

徐巧芸：对。我觉得所有的这个商业，特别是做文化产业的这种商业，可能都是文化先行。首先有了一个共鸣之后，她再往下看到产品和价格，或者商业上面的一二三四五的条条规则，她可能都接受了，因为她从情感上已经接受了。女人是很感性的动物嘛，你已经打动她了，剩下的事情就没有问题了。所以，到我们家很少遇到说，你这个东西不值这个价；或者说，你能不能给我便宜一点。我们从一开始就没有议价这回事。

【编导手记】

肖　放

率真 · 感性 · 激情

初见巧芸是在深圳的一家日本料理。高挑的身材、倔强的发髻、食指上夸张的硕大戒指，是给我留下最深印象的片段，想必这是一个个性张扬、思想前卫的“80后”，我心里暗自想。

匆匆几口饭菜，简单、让人感觉不到丝毫热情的几句对白后，她便称有事要忙，留下助手离开了。遭遇到这样“不礼貌”的待遇，在我的记者生涯里还尚属首次，心中有点怨气，也再一次验证了这位“80后”给我留下的初始印象——“骄傲、自我、没礼貌”。

第二天一早，拍摄要开始了。还没走进她的地盘，便见她从远处笑脸相迎地走过来，看得出她很高兴。走进屋内，独特的装修和精致的点缀立刻吸引了我的眼球，“这才是设计师的天地”。一边欣赏，一边听巧芸介绍，这才得知，原来她前一天晚上“不礼貌”的提前离开，都是为了给这里做最后的粉饰。说着说着，便见她如孩子般的笑脸和掩饰不住的兴奋。

拉着我一间一间地全部介绍完后，我们面对面地坐下来聊天。房间里飘扬着王菲的那首《天空》，突然觉得对面的这个女孩跟王菲的气质很像。

“我本来就很喜欢王菲，还有迈克 · 杰克逊”，还是那副孩童般的笑靥。

“迈克最后一次演唱会，当时我在法国，排队买票，但最后还是没看成……我可能是比较早知道消息的，早上五点多，朋友打电话跟我说他走了。”声音低了下来，看得到她眼里的悲伤。

“之后的一个多星期我就一直哭，一直哭……”此刻，我真的不知道该用什么言语来安慰她，因为我已经完全融入到她的情感当中了。

有泪有笑，有激情有感动，也许就是这一代年轻创业者的特性。说到工作，严肃、认真、专业；说到创业，手舞足蹈、信心十足。说到生活……她突然从办公室的里间牵出两条狗，称这是她的两个“孩子”……

一天的拍摄工作很快结束了，我们也成了朋友。再让我用三个词来形容她，我绝对不会再用“骄傲、自我、没礼貌”，而是“率真、感性、有激情”。回到上海，常常会想起她那张笑脸。她是幸福的，因为她是走在奋斗路上的创业者……

同样一米七十二身高的芳芳高挑优雅，时尚俏丽。外形上很难让人想到她是从部队大院走出来的。但和她攀谈起来，那种快人快语、做起事来大刀阔斧、雷厉风行，倒会让人顿时有种铁血男儿的气魄。

“我姥爷最终也没能把我拉进部队”，军人世家出身的芳芳自嘲从小就没个女孩样儿。但最终还是突破层层阻碍，选择了自己喜欢的职业道路。对于兴趣，她很坚持专注，纵使做过保险培训、工业电器销售，而且还很成功，但从前的梦想依然是不变的信念。

芳芳是个十分感性的人，谈及与伙伴赶赴玉树灾区运送物资的经历时，她百感交集。面对灾区的恶劣环境，“铁娘子”的她，一个人顶几个人，干起活来不含糊。对于玉树，她比一般人都更有感情。过去的每一年，芳芳都会去资助的玉树孤儿院探望那里的孩子。发生灾难的那一刻，她决定要赴第一线援助，心中尤其挂念孤儿院的孩子们。芳芳为灾区孩子带去了衣物，当把衣服送到孩子手上时，却发现离开得太匆忙，竟忘了带裤子。她提起时，依旧难掩遗憾。在玉树的短短几天，每一个接触过的孩子，她都能清楚记得，和我们讲故事时，总爱亲切地唤着他们的名字。

身为两个孩子的母亲，芳芳很疼爱孩子。执着于童装制造，也有出于对孩子的一份爱："孩子让这个世界不一样。因此，我要让孩子享受不一样的童装。"

2009年的一个深夜，芳芳看到一位上海客户的留言："明天是我宝宝的生日，衣服我很喜欢，但我今天下单晚了，没有赶得上发货。真遗憾，不能在宝宝生日当天，见到他穿上新衣服。"

芳芳真切地体会到这位母亲的心情，特地安排司机第二天一大早开车送货给这位买家。司机回来告诉她，当这位妈妈开门看到他送来的包装精美的衣服时，非常欣喜。芳芳深感欣慰，她相信母亲们的快乐是相通的。

之后，这位买家专门来店铺留下评价："我非常感动，作为一个母亲，我感谢你为我的孩子所做的一切，我也是一个"4皇冠"的淘宝卖家，也在淘宝买过了太多的东西。之前我买东西从来都不写评价，但是这次我一定要留言写给你，你们对客户这种认真负责的态度，一定能让你们在淘宝上取得很大的发展，我坚信……"

"摩登小姐"和"爱制造"这两个童装品牌在芳芳的精心呵护下，取得了淘宝商城"最受欢迎童装品牌"的称号。

试问芳芳的成功秘诀在哪里？不仅仅在于她的勤奋和坚持，她更是在用爱心和感动为孩子们的童年增添色彩。

第六辑

草根的天空

淘品牌

毕桦菁

【淘宝网店】青青宝宝平价店

毕桦菁，本名毕华清。经营过很多商品，目前正在冲皇冠。“淘宝魔豆宝宝爱心工程”的第一批受助母亲。孩子5岁，重症脑瘫，正在持续康复中。

在这位特殊母亲坚持不懈的努力下，她的淘宝店铺不但积累了大批客源，而且还得到了特步品牌的青睐。2010年，成功转型为淘宝特步官方授权专卖店，向专业化、规模化发展。

万哥，本名万黎。目前经营不织布手工DIY材料包、精美礼品等商品，目前有3个店铺在经营。正在走向皇冠。

2007年，他失业下岗。因耳失聪，找工作四处碰壁，一度生活艰难。开淘宝网店之后，以坚持不懈的努力，渐获成功。

2009年，因网络纪录片《淘宝的一天》而闻名。他身残志坚的精神，感动了一大批网友。

万哥

【淘宝网店】包子手工坊

宋阿姨，本名宋琳。今年52岁，经营“千千结毛线店”，目前1皇冠。2005年在淘宝开店至今。于2009年5月，以《淘宝一切皆有可能，五十一岁老太婆正在冲皇冠！》这个参赛贴，夺得淘宝网“第二届十大网络创业先锋第一名”，被《齐鲁晚报》称为“淘宝最牛老太太”。

宋阿姨

【淘宝网店】千千结毛线店

面对困境

叶蓉: 咱们今天的三位嘉宾实际上是来自天南地北了。毕华清是来自昆明,万哥是杭州,宋阿姨是山东的临沂。我觉得三位坐到一起,并没有像陌生人初次见面的那种互相的距离感、陌生感,可能是因为大家都有一个共同的生活空间——网上创业。宋阿姨讲很多人都知道了万哥的故事,我想问万哥,在大家知道了你的故事之后,你的小店的生意是不是越来越好了?

万哥: 我的生意越来越好了,订单特别多。都忙不过来。

叶蓉: 万哥在创业之前,曾经有过一段比较灰暗的生活记忆。你是如何渡过那段人生的低谷的?

万哥: 我找工作,找了很多地方,他们没有要我。我东跑西跑,他们都说回家等通知吧;回到家里一直没有接到他们的通知。我在家没有收入的时候,我老婆每月工资一千元,除了交医疗金,买菜吃饭就成问题。我宝宝生病花钱很多,看病的时候我没有钱了,把钱都给宝宝看病。有时候,我带宝宝到外面去玩,宝宝要买玩具啊、买东西啊、买吃的时候,我都让爸爸妈妈帮助我们。我们大了,不好意思。

叶蓉: 可能更加难以承受的,是不是也有一些社会上的不理解甚至对残疾人的一些偏见，那种心里感受也很不好受？

万哥： 我有文化，我会打电脑啊，为什么不要我们？我朋友下岗也很多，为什么他们可以找到工作，我就找不到工作？我心里难过，好像对我不大公平。

叶蓉： 当时，如果有一个什么样水准的一个收入，你就会觉得满意呢？

万哥： 如果找到工作的话，每个月一千元就可以了。

叶蓉： 万哥讲到有时候带着宝宝上街想买东西，会觉得口袋里没有钱，觉得就是要为了自己的孩子也要活出一份人样来。这种心理感受，我想华清也一定会有吧？

毕桦菁： 是的。我也是，人家孩子可以吃奶粉，我们都买不起的。连治病的钱都没有，你还给他买奶粉。

叶蓉： 之前，华清你的工作还可以，只是由于孩子的病拖累了。

毕桦菁： 没办法做工作了。我当时做保密工作，一年奖金有一万多呢，连上工资。在昆明还可以的。但是，孩子生病了就不可能去做，普通的八小时都没法做到。

叶蓉： 等于没有办法做到我们说的全职的工作。先生的收入还可以吗？

毕桦菁： 他当时也不怎么的，他也是在工厂。因为孩子生病，闹得很僵，我最困难的时候就是他失业，然后我们又离婚。我这边又拿不到收入了吧，他就是一个月几百块钱抚养费也拿不出来，他那会儿也失了几个月的业。在最困难的时候，淘宝帮助了我。我过的困难的时候不算多，可能就是一年左右。

叶蓉： 当时，有什么挣钱的路子么？

毕桦菁： 我当时就考虑，我以前学计算机的，就想在网上做。这样可以兼顾孩子、家庭还有我自己。

叶蓉: 你现在讲这样短短的几句话,就讲过了那段一年多的艰苦的时间。那段时间,你的心情现在还记得吗?

毕桦菁: 哎呀,差不多就跟下雨天一样,那会儿心情也糟。反正做什么也都不顺手,做什么都失败。

叶蓉: 做过些什么?

毕桦菁: 我当时就在网上,先试着做点击,点一次拿零点几分钱,那次点了一个月才点了四毛钱,那个我觉得不能做;然后拼车也没作成,因为昆明城市比较小;后来又做邮件调查,填一份调查可以得十块钱,那时一个月挣过四五十,但是感觉还是不太现实。

叶蓉: 解决不了问题。

毕桦菁: 对的。

叶蓉: 宋阿姨好像相对于万哥和华清的情况要乐观一些。那你在创业之前的生活状态是什么样的?

宋阿姨: 我在开淘宝之前给我弟弟打工,我弟弟家就开毛线店。

叶蓉: 给弟弟打工不是挺好吗?老板就是自己弟弟。

宋阿姨: 说实在的,弟弟要我就是照顾我,等于是帮我。

叶蓉: 你当时工作是下岗还是退休?

宋阿姨: 下岗。我现在退休了,那时候是下岗,没有钱,最低生活保障也没有。然后,我先生也下岗。我这个人吧,自尊心也太强,比如说,我弟弟和我妹妹他们经济比较好,有的时候就说给你点钱,比如过节什么的,但我从来不要。我就觉得,好像在可怜我,不想让别人可怜我。

叶蓉: 自己的生活状态怎么样呢?

宋阿姨: 生活状态当时我还没他们那么糟,因为我们原来单位还比较好,还有一点积蓄。但是下岗一段时间以后,这点积蓄越花越少,坐吃山空，就开始恐慌了。再说吧，我弟弟帮助我，那总是不能解决长期问题。我觉得，还是得自己干，反正一直有梦想。虽然这个年龄不是梦想的时候，但是就是不切合实际，整天在做梦。

叶蓉: 当时都做些什么梦啊？

宋阿姨: 哎呀，我做梦太多了，包水饺，名字都起好了。我想水饺形象不是"将军肚"吧，将军肚不是大吗，水饺馅大肯定好卖。还想过做五彩豆腐。用海带、胡萝卜做成红色的、黑色的、绿色的。

叶蓉: 就是摆出来好看。

宋阿姨: 到街上看人家卖馒头，那个盖布那么脏。我就发誓，我说我要开个馒头店我就一天一换。而且让大家看到：周一我写上周一，印上字，周一，周二，周三……我每天换一次盖布。

叶蓉: 我发现你还是很有经商的头脑。

宋阿姨: 但是，我只是停留在梦中，因为这些东西都得有一定的资金。我们那儿租房子太贵了，还有房子的转让费。房租吧照给，但是别人转给我，我就要交一部分钱给他。

叶蓉: 这个投入太大。

宋阿姨: 投入太大。一想到转让费等一些费用啊，家里人都反对。

叶蓉: 钱还没赚先负债了。

发现一扇门

宋阿姨: 就是天天做梦的时候，就发现淘宝了，我要早发现就好了。我是 2005 年才开的，人家淘宝 2003 年就开始了。

叶蓉: 华清是哪年？

毕桦菁: 我是 2007 年。

叶蓉: 万哥是哪年开始的?

万哥: 我是 2007 年的 11 月份开起来。

叶蓉: 你怎么想到了在网上开始创业的?

万哥: 2007 年 10 月份,我老婆同事叫她网上买东西,说很便宜的。老婆开始觉得,如果在网上给宝宝买衣服买裤子也便宜,我们可以节约点钱。后来我到网上看看,想想自己也可以开,和老婆商量着就自己开了。

叶蓉: 华清呢,你是怎么在网上自己创业的?

毕桦菁: 我当时还只是想找些技术什么的,然后无意间看见"魔豆宝宝"。我就去申请了一下"魔豆宝宝爱心工程",还是比较幸运就通过了。

叶蓉: 它帮助困难群体的一些母亲创业,是吧?

毕桦菁: 对的。当时他们就是提供我一台电脑,一万元启动资金。我就想,都知道刚做淘宝赚不到钱,这一万元我就先当生活费,我不赚钱,在上面做上一年总能赚了。结果,第一个月就赚了一百六十元,太高兴了。淘宝我是相信了。虽然不是稳定,但是我肯定是以后越挣越多,我觉得这个趋势是肯定的。

叶蓉: 你具体做什么样的货物呢?

毕桦菁: 刚开始是因为带孩子,先做母婴的用品,然后又做本地一些普洱茶,情侣衫也卖过一阵,情侣衫是第一个给我挣钱超过一千元的。

叶蓉: 通过市场去检验哪样商品好销。

毕桦菁: 是的。居家的我也做了将近两年,也赚了不少。但是,后边我那个商家调整成做箱包了,我也希望调整一下。因为做这个居家太琐碎了,整天要在电脑跟前,做箱包它还比较简单,售后也有保障。

叶蓉: 到现在为止,你的小店每个月的收入大概会有多少啊?

毕桦菁: 我去年平均下来是差不多应该有三千一百元。

叶蓉: 满意吗?

毕桦菁: 满意的不得了,比我上班都还挣得多。

叶蓉: 宋阿姨呢?

宋阿姨: 应该说很满意吧。

叶蓉: 你是从什么时候开始觉得,我可以在网上去开店?就因为发现这个没有转让费?

宋阿姨: 我不是每天都在想怎样创业吗?也是在电视上,记者采访一个下岗女工。当时她说,她在家带孩子出去工作不方便,就在网上开店。虽然我看了,但是我当时也是有点不以为然吧。就觉得咱们平时买东西,在市场上当面买的东西都经常上当受骗,在网上卖东西看不清摸不着的,觉得就不可能。

后来经常上网,那时候我儿子刚上大学,因为他学计算机的,就需要买个电脑。但他住校,周末回家。所以,平时这个电脑就是我的,但是我当时只会打牌。儿子回来,我说:儿子,我发现网上能赚钱,你说真的吗?他当时也是不太了解,我说你赶紧给我看看,到底是真的吗?

他后来也看了看说,好像是,有个叫淘宝的。我说你赶紧给我注册一个名字,我就开店,因为淘宝不要钱,没有投入,没有损失咱怕什么?那我真的是义无反顾了。

叶蓉: 做什么呢?卖水饺,"将军肚"?

宋阿姨: 水饺不能卖啊。想卖什么?我就开始在网上搜。我最关心的就是毛线,一看有卖那个毛衣的。那个毛衣的价格太厉害了,一件毛衣八百多元,我弟弟的毛线店才卖二百多元。我一想,这个利润空间太大了,我就卖毛衣吧,就我弟弟那个毛线店的那些手工毛衣。

叶蓉: 搬到网上,你卖多少钱啊?

宋阿姨: 他们卖八百多元,我想我给他竞争,我就卖四百元,也有三百八十元的，我的样式比他还好看？但是事实上不行。其实他们当时挂的是八百多，他不是想卖这件毛衣，他是做宣传让顾客买他的毛线。当时咱不懂，现在我知道了。现在我店铺也有毛衣，我的价格可以挂的稍高一点，但是我主要是做样子，不卖毛衣，毛衣不好操作。

叶蓉：实际上卖的是毛线。也是慢慢才摸到门道的。

宋阿姨：对啊，就是边干边学。要不我的网名怎么起的不好啊。当时我儿子说，起个什么网名？我说别让人知道。我说我在上中学的时候，我这个名字不是叫“宋阿姨”吗，我说你用拼音给我起，这样别人就不认识我了。自己现在后悔死了。

叶蓉：如果今天再起一个，你会起什么？

宋阿姨：我的名字多了，很多好听的名字，至少是中文。其实，我三颗星的时候，我就知道了名字的重要性。但是，当时舍不得那三颗星，那三颗星是我一分一分的赚的。

叶蓉：宋阿姨给我们透露一下月收入有多少啊？

宋阿姨：我的毛线吧，它确实这个冬季和夏季反差太大了。咱们不说钱，就说人工吧。夏天的时候，我一个人做，都闲太多，没人买。我弟弟那个实体店到夏天的时候关门，有很多的毛线店就批发冷饮。所以，平均起来反正是一两千，两三千也都差不多。

叶蓉：每个月月收入平均起来？

宋阿姨：对。

叶蓉：你还满意吗？

宋阿姨：我原来满意，现在又不满意了。

叶蓉：为什么？

宋阿姨：也可能我太贪心了吧？我就想做大一点。我不仅卖毛线，还想扩大。比如说手工东西，我想把十字绣啊、坯布啊，反正是手工的东西。我看人家那些做的大的，不都是一站式购物，我就想做这样。

第 一 单

叶蓉: 宋阿姨,你的第一个单子是等了多长时间,有成交吗?

宋阿姨: 一说这个别人可能觉得对淘宝有点……等得太长了。一年。不过,这一年说实在的吧,也不是我专门在那儿等,因为我一边给我弟弟打工。

叶蓉: 等于刚开始是兼职。

宋阿姨: 我现在想想,如果我当时就是全职做的话,不会等一年。但是,因为当时我就是弄着玩的。白天打工,然后两三天上一次网看看有没有信息。

叶蓉: 你现在是几天开一次电脑啊?

宋阿姨: 现在不是几天的问题了。我买那个电脑,当初说寿命是十年。可怜我的电脑,从 2005 年到现在就完了,要瘫痪了。你想,我一天从九点,最晚到凌晨的四点。为什么呢?比如说,我组织文字。因为我对毛线有经验,别人的说明我不放心,我不信。比如,这个毛线它用几号针织?一件毛衣得需要多少?什么样的款式?这都是我自己编写的。

叶蓉: 我越听越觉得你这个生意技术含量挺高的。

宋阿姨: 我这个毛线虽然不是高科技,但是它的专业性太强。

叶蓉: 我想问万哥,你的第一张订单是等了多长时间以后得到的?

万哥: 开店一两个月没有生意,对大家来说毛毛雨。我相信我自己,以后可以慢慢多起来了。

叶蓉: 华清,我觉得你可能有一个困难,就是在一边经营店铺的同时还得照顾孩子。你是如何平衡这个关系的。

毕桦菁: 大部分时间我儿子挺乖的。早上刚起床就去把菜买了,那会儿人少嘛，不用开电脑。回来以后就开着电脑，然后有旺旺就来处理，没旺旺就给他把吃的这些都弄好。他在乖乖的、自己趴着玩的时候，我就做一些淘宝上需要做的工作。喂饭的时候，就以旺旺为主，有旺旺就抱他过来，没旺旺我就专心吃饭。

叶蓉: 也就是说，你现在找到了一种属于你的工作和生活的节奏，把各种有效的时间全都利用起来。

毕桦菁: 是。

叶蓉: 你对你现在的生活现状满意吗？

毕桦菁: 我觉得挺满意的，我能跟孩子生存、生活，而且日子还能慢慢过好起来，我就很知足了。

叶蓉: 可能万哥的困难还是沟通问题。因为我们知道，在买家和卖家的这样一个交易过程当中，沟通是至关重要的。比如说有一些客户啊，可能大家对这个产品有一些认识上的不足啊，这个都需要店主去沟通。你在这个方面碰到的最大的困惑是什么样的？你是如何解决的？

万哥: 我交流都是在电脑上，我们打字很方便。最大的困难就是客户给我打电话我听不到，我没办法打电话。我发短信告诉他，我听不见，请你发短信息。

买 家 之 评

叶蓉: 曾经你为了一个差评是苦恼了很长时间对吗？

万哥: 有一个客户要买我五百多个东西。我第一次接五百多个，睡觉只睡两个小时，我老婆请假两天，做了两天两夜才做完。后来，他给我差评。我跟他说，为什么差评？他说东西应该两天就到。由于是快递的问题，我发短信给他。后来他给我面子，把差评改成好评。

叶蓉: 我就觉得,在网上这种经营还是有很多的艰辛,是很多可能大家在买东西的时候自己可能意识不到的,卖家要做好这个服务还是有很多难处。

万哥: 我碰到不止一次,都是快递的问题。客户他买了好多个,一大件。做完以后,我马上发货,他等了六七天没收到。后来我把钱退了,我运气不好。

叶蓉: 华清碰到的是困难更多,还是欣慰更多。

毕桦菁: 当然是欣慰更多,我觉得买家好的人还是多得很。但是就是因为我们当时比较特殊,好多人他就把我们当特殊店铺,所以我一下子还摆不正自己的位置。就像刚开始,有很多人拍好几件东西,他就只要一件。要不然,他就是拍两件东西付双重邮费,他不让你退,说这个就当捐了或者是送孩子。

叶蓉: 他觉得是爱心的一种表现。

毕桦菁: 对啊,结果不是的。刚开始,我认为是这样,结果人家就说我比较卑鄙啊,不退钱给他们,收双重邮费啊。所以,到后面不管有没有,我都给他留言:说你付了双重邮费,如果他不提是他的事。我都把这个公布出去,以前都不懂。

叶蓉: 我知道在受助的困难群体的母亲创业这个过程当中,也有很多是中途选择了退出。你觉得为什么你能够坚持下来?

毕桦菁: 我觉得,可能她们还有其他选择吧。或者,再最主要一点就是,没有怎么珍惜这种外力,这种给你帮助的一种外力,而且是比较强大的力量,我就觉得丢了真的是她太没有……怎么说呢?

叶蓉: 应该利用这个机会,是改变生活的一种机会。

毕桦菁: 她们白白把它给丢掉了,真可惜。这个不是一万元的事,你一万元拿到了,只能用,但是你要真正把这个店做起来,有可能都会超过它的十倍,岂止是拿一万元。他们拿了一万元,就好像认为是拿了淘宝的帮助了。

叶蓉: 其实,是给了你一种生存方式。

毕桦菁: 就像是宋阿姨说的,她们把渔网卖掉了,本来渔网是让你捕鱼用的。也可能是她们不懂这个渔网是来捕鱼的,还是拿来换钱生活。

叶蓉: 宋阿姨呢?你在这个网上创业的时候,电脑对于你来说就是网上打打牌。我知道你现在很厉害。自己会打字,拍照,修改图片,还上传论坛发帖。那前几样,你花了多长时间学会的?

宋阿姨: 一开始我拍照。当时我连那个相机都买不起,就是我妹妹家有一个数码相机,我就打电话,说借你的相机。她说你干什么?我说我想开个店,你借我试试。她说行啊。我妹妹在山东大学,然后我儿子就坐火车专门拿这个相机。儿子教完我,我就自己在家拍。一开始拍的就是黑糊糊一片,黑的和蓝的根本分不清,只要深色的都是一个颜色。到后来就是慢慢摸索,就上社区看有一个摄影居。最早我是看了一个的叫"沂蒙大哥"会员写的怎么拍照,最简单照个挂历。我就回家把我那个挂历撕下来一张,就往墙根这么一靠,光线一照,一开始照的觉得也行。

叶蓉: 有点自信心了。原来越大的人,他可能对新鲜事物好奇心没有那么足,甚至会有为难情绪。

宋阿姨: 我不,我就喜欢。一开始,拍完照以后我不会写字,顾客买你的东西很麻烦。比如说,我的就是集体照。我叫它"集体照"就是所有的在一起。顾客就说了,我要上排的最左边的第四个。你说得多麻烦?我现在就可以把这个颜色的编号都写上了。然后顾客说我要 3256 或者我要 2 号白色,我现在不还写上颜色:乳白色,白色,粉色,紫一点的就是藕粉。

叶蓉: 我还知道你很了不起,还去论坛发帖是吧?

宋阿姨: 一开始我不敢发。我觉得那个论坛上,做得大的,帖子写的好的都很多而且挺有文采的,我根本不行嘛,我就顶贴。后来我就想,反正没人认识我，写得不好也没关系。现在很多人说，阿姨你怎么会写的？我说你就学我就行了，你写得不好也没关系啊，老师也不会批评你。你写得不好它自动就沉了，你不丢脸的。等到你那个帖子不沉的时候，那就更不丢人了，那就说明你写的好啊。我就这样写帖子，那个中评，我也写。

叶蓉：那个中评好像折腾了你一段时间。是怎么得到一中评啊？

宋阿姨：中评我自己也不知道，他为什么给我中评？当时他的评价说：我还没看，就这几个字。就说这个东西他还没打开看。后来我一想，你没看给我中评。我就给他打电话了：我说你没看，那你看一看。

他说让同事拿去了，我说那让你同事看完以后再给我评价可以吗？如果不满意，我说我包来回的运费。他说现在正在午休，马上要上班，得赶紧休息，就把电话给挂了。又过了几天，我又打电话，我这人心眼比较小，就是说我总喜欢看那些对我的好评，每天就是一种享受，没事我就看那个好评，都说阿姨好，我就喜欢。一看不是 100% 了，我就心里难受，好几天都吃不进去饭。

叶蓉：特别是觉得自己无过失的情况。

宋阿姨：对，委屈得不行了。现在想想，你得给人说话的权利啊，但是当时就不行。第二次又打电话，他说在外面出差，让同事帮我改。要是改了，我就高兴了。又过了几天，还是不改，最后，我又给他打电话，就不接了。到了他这个差评最后的期限，必须做出解释。到了晚上，我做出了解释，我的解释那么长……

叶蓉：其实就是一篇文章了。

宋阿姨：对。汪国真不是写了一句话吗，我就说：太阳纵然慈祥，也不能让每棵树都挂满希望。我说请你原谅，不能满足你所有的愿望，然后下面我就说了一些话。但是，我看有的对这个差评写得很厉害，我觉得那不好。

叶蓉: 宋阿姨,按你的体验,这种好评,中评,差评的游戏规则制订好还是不好啊?

宋阿姨: 我觉得也应该有这个东西。毕竟咱们买家一直以来觉得是被动的,好像占主动的是卖家,所以应该有这个中差评。但现在,我们网上很多人都在说不要中评,就是说你给我差评就是差、好评就是好,因为这个中评它很模糊的。

但是顾客根本就不知道,我一和他联系,他就说中评那么重要吗?我觉得:不是非满意的就是中评啊,不满意的就是差评,一般就是中评,要是非常非常满意才是好评。我说不是的。他说,我不加分不减分没关系的。我说,你不加分不减分,但是影响我的好评率啊。他说,哎呀那对不起了,很多就是非常爽快的就给你改掉了。

毕桦菁: 会影响到卖家的利益,他们不懂。

淘 宝 不 息

叶蓉: 宋阿姨,在网络上创业要想成功的话最重要的什么?是产品的独一份呢,还是其他有什么样的秘笈?

宋阿姨: 产品的独一份也很重要。因为在网络上它透明度太高了,大家一搜、一比较就看到这个东西了。

叶蓉: 除此之外呢?

宋阿姨: 那就是诚信了。因为网络么,人家看不到,因为上网买东西的都是聪明人啊,你骗他一次可以。你想你的顾客群在不断地壮大,你必须是诚信,这一点是最重要的。

叶蓉: 华清,你的感觉呢?

毕桦菁: 我觉得,我就卖性价比高的产品。因为我买东西我就喜欢找性价比高的。可以为老百姓省一大笔钱。

叶蓉: 就是懂得去换位思考,从买家的角度去看,提升自己的产品。我觉得,宋阿姨是一个特别爱思考的人,她不管做哪行,就一定想方设法把它做好。还出点新点子。我知道你现在除了在网上开店之外,你又有向线下开实体店的想法了。

宋阿姨: 我现在弄了一个编织吧。因为,我们当地很多顾客要到我家去,她在那儿学,时间长就不好意思。后来,正好我那个房子前面有几间平房,我就前几天刚打通,做了一个编织吧。

叶蓉: 衍生产品开发出来了。宋阿姨,你创业之后还买房了,是吗?

宋阿姨: 因为做毛线么,我们家床上啊、大衣柜上啊、沙发上全是毛线,每天晚上睡觉的时候,我说扒个窝咱们睡觉吧。后来,正好我们院有这个房子。我妹妹弟弟都支持我,这样的话也能做大,更重要的是我做淘宝就有信心,敢买了,要不做淘宝我是不敢买。虽然这个钱不是全是淘宝赚的,但是我敢买了,这是真的。

叶蓉: 这么回过头来看,如果没有这段人生的一个机遇或者说是人生的一个转折点,可以让你有了一个多的选择的话,生活会是什么样的?华清你觉得的呢?

毕桦菁: 我还是那种中规中矩的上班呗。如果孩子健康的话,下了班接他,他就可以上幼儿园了。

叶蓉: 那么,今天的生活对于你来说,你更倾向于哪一种生活方式?

毕桦菁: 前一种我已经不可能过了,孩子已经这样。后边这种我觉得也挺好的,因为孩子虽然生病,将来也是。但是他很乖,带着他,我一天也很快乐,挺好的。

叶蓉: 我觉得你身上有一种质朴,有一种母性的光芒。对孩子的那种质朴的爱,最纯粹的爱,而且对生活没有过高的要求,但是勤勤恳恳,这是中国妇女的传统美德。其实,万哥我觉得我有一点点替你担忧。你刚才讲了太太还在上班，每天下班以后忙着做手工的这样一个工作。做你这行竞争也是很激烈的，入行的门槛也并不是那么高，你又是如何规划之后你跟你太太的生活的？

万哥：我们开店，最高的每个月一万，最低的三千多元。我很多朋友每月一千元不到，有的一千元左右。挣钱比他们多，我非常满意。以后的话，我想还会越做越大，我也相信自己会越做越大。

叶蓉：我想，好多的观众朋友都会从万哥创业的故事的身上汲取到力量。我相信宋阿姨的故事也是如此，通过自己的努力改变自己的生活，而且关键是你还保有了自己的梦想。

宋阿姨：对。我帖子里写了一句话，我说梦想不是年轻人的专利，创业也没有年龄之分；既然淘宝是大家的淘宝，就一定有我们老年人的一席之地。很多人都佩服我这句话，说你说的太对了。我看有很多人说，我退休了现在什么都不干，天天打牌，天天逛街。我不喜欢那样的生活，我觉得有事干挺高兴的，天天忙。

叶蓉：如果说，这也有一个退休的年限的话，你觉得自己给自己设定的年龄是多大？

宋阿姨：没有。我给我儿子开玩笑，我说我是生命不止……

叶蓉：创业不息。

宋阿姨：对，淘宝不息。

【编导手记】

陈玉亭

为自尊的生存

人生难免会有沟坎。而这三位主人公虽然坎儿各有不同，却都面临着相同的人生问题——如何才能有自尊的活着。

万哥因自己的残疾而长期找不到工作，只能靠岳父母的接济卑微的活着。那时，他唯一能做的，就是主动多干家务，减少花费；以这样的方式来抵御心中那时时泛起的卑微感，让自己感觉到尊严还在自己心灵深处的某地活着。

宋琳在这个年纪下岗，让人不得不想起刘欢的那首歌，“勤勤苦苦已度过半生，今夜重又走入风雨……”靠着弟弟的照顾，能有一份工打，固然不错。但对于生性好强的她来说，精神上那种寄人篱下的感觉却如影随形，自尊随时面临被伤害的可能。

而毕华清，她那原本可以很幸福的家，却被儿子的病瞬间拖垮。随之而来的四处借债，更让其越陷越深。借越多的债务，就越找不到出路，那该是怎么样的一种绝望？

当时的他们，一定都会想，路在哪里？真的绝望了吗？真的该放弃吗？是的，没有自尊的生存，比死更可怕，那应该是种生不如死的感觉。幸运的是，他们几经挫折，最后都没有放弃，还不约而同地找到了同一条路——淘宝。

网上开淘宝店让他们的生活发生了天翻地覆的变化。万哥有钱给儿子买玩具了，可以孝敬岳父母了。宋琳离开了“寄人篱下”的打工生活，赚的比以前多了，还改善了居住条件，生活大有奔头。而毕华清，终于可以一边照顾儿子，一边赚钱养活自己了……生活中一度丧失的自尊，又回来了！因生活的困窘而弯下的脊梁，又挺直了！

奇迹！这淘宝究竟是魔法师，还是神仙菩萨？

当然不是！淘宝只是淘宝，一个任何人可以在这儿当老板的地儿。可既然是开店当老板，不管是线下还是网上，都应该是有成功的，也有失败的；那为何独独他们三个，都成了呢？

能回答这个疑问的，只有两个字——坚持。

一开始，他们的生意也如很多卖家一样，并不理想，且困难重重：淘宝旺旺的网聊功能虽然能部分解决万哥不能跟人语言交流的问题，但他跟买家的交流，毕竟不能如正常人般自如。宋琳，淘宝开店之初，更是一个什么都不懂的电脑白痴。而毕华清在面对电脑的同时，还不得不抽空照顾身边的儿子。

他们的困难，比一般淘宝卖家要大很多，但他们却都坚持了下来！万哥的问题，技术层面无法解决，所以他只能靠锲而不舍的精神来克服。宋琳也以不懈的学习精神，在很短的时间内，硬生生把自己变成了一个电脑通才。而毕华清，却用自己的聪慧，在一次次的失败中，找到了开网店和照顾儿子二者之间游刃有余的方法。

“我觉得可能她们还有其他选择吧……”

当被问到为什么有些魔豆宝宝的受助母亲，同样有淘宝的扶持，却没能坚持下去的原因，毕华清如此说。

没错，有路你不好好走下去，路再多，你也可能一事无成。只有一条路走的时候，你把它走好，前途也可以非常光明。

“梦想不是年轻人的专利，创业也没有年龄之分！既然淘宝是大家的淘宝，就一定有我们老年人的一席之地！”

说这话时，已届知天命之年的宋琳豪气干云。

其实，何止于此？是人，就有权利，也必须为争取自尊的生存而努力。是人，就应该为自己的人生找到一席之地。如果你不够有钱，如果你没有人脉，如果你不够聪明，甚至，你运气还不够好；那么，坚持。你还可以用坚持，去找到自己有自尊的生活。

第七辑

毕业了，我们创业吧！

淘品牌

李叶

【淘宝网店】 &SE7EN CLUB&

浙江树人大学大三学生，网名“水煮鱼皇后”。高中三年级开始网上开店，一年之内已经成为了该网站的两钻卖家。因一次偶然的机会参与“淘宝网创意大赛”网络评选，被网友称呼为“淘宝第一美女”。

范宏成

【淘宝网店】 范范之家

江西丰城人，江西赣南师范学院毕业。刚毕业就抱着独立创业的决心与梦想独闯义乌，开起了属于自己的淘宝小店。初生牛犊不怕虎的他，凭借一股不抛弃不放弃的信念，坚守淘宝，一年后终于有了起色。就这样一步一个脚印地走过了将近一年，也在慢慢实现自己的创业梦想。

庄晓凤

【淘宝网店】 宝宝星美丽小铺

2003 年毕业于上海工程技术大学。毕业后开始网上开店创业，没有做过一天“上班族”。6 年网店生意下来，她已经慢慢积累成为双皇冠卖家，并雇佣了两位朋友做网上客服。淘宝不仅是一桩生意，也已成为她的生活方式。

大学生：创业是一种成人礼

叶蓉： 创业，对于大学生意味着什么？

李叶： 意味着大学生活的另一段。

范宏成： 摆脱打工者的身份，因为没有一个打工者是不愿意做老板的。我就想做一个老板。

庄晓凤： 对我而言就是梦想实现的一个过程。因为我一直想做一个小店的老板娘。

叶蓉： 你们是处于创业的不同的阶段。小范的创业是怎么开始的？

范宏成： 我 2008 年的时候，找到一份工作，是在学校招聘的，在福建泉州一家五星级酒店。当时面试是面试上了，一个迎宾的职位。我们老师都说，挺不错的嘛，毕竟是五星级的。后来我想一下，还是没有去。因为我感觉到，我这个人不适合，一想到"迎宾"两个字，我就不想去了。

叶蓉： 你实际上是赣南师院的学生，学的是国际贸易专业。

范宏成： 对，那个时候金融危机，要找一份自己满意的工作，必须天天跑出去面试，各个地方去面试。我找外贸企业，他们就说要有经验。比较小的一点企业，也至少要有两年的经验。

叶蓉： 李叶现在是大学四年级的学生。大学快要毕业的同学之间，有没有互相交流大家以后的毕业方向？是否也像小范一样出去撞？

李叶：我从小就比较会花钱。我觉得自己应该不能总是这么下去。我那么大了，还一直伸着手问爸爸要钱，虽然我爸爸从来不会拒绝我。刚开始做淘宝也不是为了赚钱，纯粹就是抱着玩的心态。很多人都是如此。我的所谓创业，其实不是创业，只是我在大学生活的一种历练。

叶蓉：之前你在读书的时候，父母有义务要继续帮助你完成学业。但你毕竟要跨入社会，像大三大四，是不是这个年龄段的同学都开始忙碌起来了？

范宏成：都很愁啊。我去找工作的时候，也碰到了很多比较恶劣的招聘者，有些人疯狂地打击你。叫我过去面试，他们在一个镇上，很远。我是早上打了二十多分钟的出租车，然后坐公交车到他们那个地方。找了整整一个上午，找到他们老总办公室。他一看我，说这么年轻，你做过吗？我说我刚刚毕业。然后他看都没看我一眼，就说我们不需要你。

叶蓉：那你为什么会去义乌呢？

范宏成：我认为机会比较多，比较容易一点，企业多。

叶蓉：我看过一个关于义乌的统计数字，说一天别工作八小时，工作十六小时，每家店只允许你待一分钟。即便是如此，要走遍义务所有的小店面得花三个月的时间。你是从哪里开始的？

范宏成：我当时选择了饰品。因为我觉得女孩子都越来越爱美了，感觉这一块应该挺好做的。但刚开始情况不是很好。

叶蓉：现在每个月你的收入能够有多少？

范宏成：我现在也是处在一个上升期。最近这个月应该有一两千吧。我定做了一批项链，在义务找工厂，就是“东方神起”的项链。很多淘宝商都是在我那里拿货，我赚五块钱，他们要赚二十块钱一条。

叶蓉：晓凤稍微年长一点，在网络创业的时间比他们长。你觉得小范的这个路子行得通吗?

庄晓凤: 我觉得他挺棒的,挺有冲劲。而且他一个人单枪匹马到义乌,很不容易的。毕竟我就在上海,生活方面不用自己操心,还有家人照顾。他就又要照顾生活,又要想办法去创业。包括他去厂里定做项链,是蛮有头脑的,而且我觉得他挺有想法。我感觉网上创业,冲劲不是最重要的,耐心毅力是最重要的。

范宏成: 淘宝创业,你一时兴起是不行的。因为淘宝是越做越好,刚开始都挺难的。我觉得毅力和耐心是第一。

庄晓凤: 坚持是很重要的。

信用等级,军人的勋章

叶蓉: 坚持,我觉得在李叶身上其实挺难看到的。李叶给我的感觉就像一个阳光小美女,而且成长过程和状态应该说是无忧无虑、没什么压力。

李叶: 我们是从买东西开始的,第一次接触网购,觉得原来可以这样买东西啊,挺好的。到了后来,才会想着自己也去开一家店。

叶蓉: 我听说你能挣钱,但是也特别会花钱。

李叶: 比较会花钱。

叶蓉: 但是你的创业好像跟你的花钱有关系。

李叶: 很多家长都有这种态度,觉得自己的孩子应该会有一定的消费能力,才会有一定的赚钱能力。我觉得我并不是能力有多少,只是机遇比较好。刚好碰到了淘宝网的存在,不然我也不知道现在会不会有一个网店,或者说会不会有人认识我。

叶蓉: 怎么会想到去开店的?

李叶： 刚开始是在论坛上。因为家里东西塞不下，太多了。

叶蓉： 花钱太厉害了。

李叶： 对对，试试看。然后挺多小妹妹喜欢的，我那个时候还自己去给她们送货呢，约好一个地点在哪里见，同城交易嘛。

叶蓉： 不害怕被骗吗？

李叶： 怎么会被骗？你首先得相信人家，人家才会相信你。有了一定的论坛经验才会想到去开淘宝。我们一开始都是好几个月没有生意的。

范宏成： 刚卖出去第一件的时候是特别高兴的。

叶蓉： 好像你们都对自己的第一笔生意记忆犹新。

李叶： 我的第一笔生意是一个比我年纪还要小的"90后"，读小学六年级左右。我也不知道她为什么相信我，她在网上和我聊天。那时我是卖校服的，那个小妹妹就要买。她说，姐姐，我们要买多少多少套校服。当时几千块钱对我来说已经……

叶蓉： 你头笔生意就有几千块。

李叶： 是啊。应该说是在淘宝网上，支付宝成交的第一笔生意。付款需要很大的信任度啊。我自己送去给小朋友的，跋山涉水，因为她们那个地方刚开始快递到不了。我送到她们学校的时候，那些小妹妹真的很感动，我自己也很激动。

叶蓉： 她们也感动。所涉金额有多少？

李叶： 一千多，快两千了。

叶蓉： 晓凤的第一笔生意等待了多长时间？

庄晓凤： 几个礼拜。因为当时淘宝上卖家比较少，可选择性也比较小。她可能搜了没几页就搜到我的东西。现在逛几个月估计都逛不完淘宝的店，就比较难搜索到某一个固定的商品。我的第一笔生意也是一个小女孩，她什么都不懂。因为要注册号的话，她一定要有个电子邮箱的账户。她不知道怎么买,连汇款都不知道,身份证也没有。可能小女孩想法比较单纯,她就说姐姐你教我吧。我问,你有没有身份证?她说我去问我妈妈借,然后就手把手教她怎么去银行汇款。她说我地址、邮编都不知道,我就说你去问妈妈。就这样一点一点,可能教了一个星期,又不能见面。小女孩习惯用QQ,不习惯打电话。尽管钱很少,就三十块钱,也不可能大老远跑一趟,就只能通过QQ上手把手教她。

叶蓉: 这个培训的过程,可能都不止三十块钱,还包括你的成本。

庄晓凤: 对,我得天天守着她下课。有时间她就来找我,就嘀嘀嘀叫我教她,甜言蜜语。我只好教她,后来还好终于成功了,她就给了我一个好评。那时候好评对我们卖家来说是非常非常重要的。她就说姐姐人很好,很耐心,东西很喜欢。这很大程度上鼓励了我,我觉得我的眼光有人赞同,有人从我这里得到她喜欢的东西,我就非常非常开心。

叶蓉: 我们去网购,一般会看看大家对这个卖家的评价。如果是小女生留下这样特别真挚的留言,我自己也会增加对这个卖家的信任。

庄晓凤: 卖东西卖得好,一定要有比较多的人来肯定你,然后才会有更多的人来欣赏这件东西。这是一个口碑问题,就是人家都觉得这东西好。

范宏成: 中国人都有从众心理。

庄晓凤: 如果大家都说不好,那肯定是没有人买了。我发出一件衣服,可能是没有检查清楚,也可能是过程中有些什么失误,裂了一个口子。当时我也不知道,但是是这个买家在评价中体现的。说衣服很好看,我穿了也很合身,就是有一点小小的缺陷,衣服上有个小口子。不过,我缝了一下就好了,希望卖家以后多多注意。我就心里一暖。因为我们平时碰到不用说有一个小口子,就是一个小线头,大家都会抓住不放,说你这个卖家服务不好。但是这个买家有那么一颗体谅的心。结果我就去主动联系她了,说真不好意思,我帮你换一件,或者我把钱退给你。她都不要，她说我就喜欢这件。现在我们都已经成了好朋友了。也是在上海，但是从来没有见过面，就是网上成为朋友。所以我挺感谢这个买家的，她的一颗体谅的心，可以让我收获很多东西。

叶蓉: 会不会碰到那种很难沟通的买家?

范宏成: 有很难伺候的主。

叶蓉: 李叶应该这方面做得很好。

李叶: 十个人里面八个人都是很善良、很包容的，当然也有极个别很极端的。他是一个男生，因为我卖的是女装，他可能是帮他女朋友或者妹妹买的一套衣服，我记得是两百九十元。我填物流单号，常常会填错。有的买家他就不会计较，有的就很计较这个，并不是我衣服没有发出去。然后他什么都没有跟我说，没有跟我联系、没有确认收货就直接给了我一个差评，而且言语很脏。

叶蓉: 因为你有过失。

李叶: 对，我很无奈。淘宝上关于恶性评价、不文明的话是可以投诉、删除的。幸好这个买家我可以投诉，把他删除，不然影响太大了，写得非常恶毒。后来我查过了，原来这个买家的风格就是如此。他不仅给了我一个差评，他给所有的买家都是差评，都是恶言，后来他被封ID了。当然我这笔钱也没有收到，他给了差评再申请退款，货也没有钱也没有，人财两空。所以，世界上千奇百怪的人都有，有些人他很包容，不会斤斤计较。

我其实有个担心，因为我很执著地追求那个评价。我不在乎有没有赚钱，我只在乎那个评价，感觉这是对你人格的一种肯定。一开始都是这样，做到后来，有了第一个差评、第二个差评也就好些了。第一个就特别难接受，我一直很用心地在做一样事情，你不给我肯定，虽然是有过失，但是还不致如此，很难接受。所以，我宁可在他交易没有成功之前给他退了款，我怕万一这个评价删不掉，对我的影响太大了。我想这样的人，他在几十年之后，自己也会回想以前做过的事情，会不会很可笑。我把钱退给你，我让你骂，你以后应该会想很多，因为你是个男性。

范宏成： 我也碰到一个，也是男性，我刚开始以为是女性。后来他给我打电话，他买了我六七样东西，就说这个不好那个不好。我就说，如果你真的对我们的货物不满意的话，就把货退回来。他说好，让我给他多退了一个。他买了我一些书签，多退了一些书签的钱给他。他后来还说，下次我在你这里买东西，你要给我优惠。我说可以。我当时心里就想，如果你下次来，我肯定不会接待你了。

叶蓉： 为什么大家这么看重买家的评价？

庄晓凤： 我觉得就像一个荣誉一样。比如军人可能勋章越多越好，对于我们卖家来说，也是好评越多越好，钻石评价越多越好，皇冠越多越好。这是对我们的一种肯定。可能买家不知道，我们每成功交易一件商品，背后其实要从选货、进货，到拍照、上传，再到帮他打包发货，要付出很多的劳动。其实我们赚取的钱，可能并不如他想象得那么多。所以，当得到这样的一个肯定的时候，付出再多的劳动，或者说，中间花再多的过程，都值得了。所以，我觉得每个卖家都是挺看重这个评价的。

老板娘·美女

叶蓉： 晓凤应该说是淘宝的第一批创业者了。

庄晓凤： 大家出发点肯定是不一样的。我们当时大多数是以玩票性质为主，因为对我们而言，网购是一个比较新奇的东西。

叶蓉： 你自己有一份正式的职业吗？

庄晓凤： 对，当时是在实习。如果没有淘宝的出现，我就一直这样干下去了。所以，当时只不过是作为一个兴趣爱好，来尝试一下新的东西，觉得很好奇。当初我们创业大部分都是如此，不一定要赚多少钱，不是抱有很强的目的性。到今天完全是巧合、偶然。

叶蓉: 是什么时候开始，你觉得不用去网下找一份工作?

庄晓凤: 就是这一年多，我也在实习。直到毕业的时候，因为生意越来越好，我就不能兼顾到我实习的工作了。我就自己斗争、权衡了一下，觉得还是想要找一个小老板娘的感觉，就辞了工作，专心去做淘宝的店，比较有成就感，比在外面工作开心。

叶蓉: 家里肯定有亲戚来往走动。他们怎么看你现在的职业?

庄晓凤: 开始的时候是不太能被人接受的。现在，我就说我做淘宝，他们都比较以我为豪，与几年前完全不一样了。

叶蓉: 晓凤现在月收入平均有多少?

庄晓凤: 也只不过几万块而已。因为比我好的太多太多了。

叶蓉: 李叶体验过在网络上一夜成名的感受。有人刁难你，可能心态上也是由于某些不平衡。因为你有一个头衔——“淘宝第一美女”的称号。是怎么得来的?

李叶: 我那时参加了淘宝举办的一个比赛，发了一组照片。因为奖金比较高，三万。对我们大学生来说，感觉挺多的，那我不如去试一下。我就发了帖，我也不知道，怎么莫名其妙地就成什么第一美女了。我自己听到这个就很搞笑，很苦笑的那种感觉。我觉得哪有什么“第一美女”? 漂亮的女孩子太多了! 我是真的这么想。因为这个所谓的“淘宝第一美女”也经常会被人否定、挑衅。

庄晓凤: 或者因为大家心态总是这样的，是不平衡。

李叶: 什么“第一美女”啊? 这样也叫“第一美女”啊! 他其实根本不会想，你愿意不愿意做这个“第一美女”，你是不是自己说自己是“第一美女”。他不会想那么多，他也不管你一个女孩子能承受多大的压力。淘宝那个比赛刚刚举办的时候，压力是最大的。我每天都不敢看网上的一些帖子。

叶蓉: 你的同学、老师怎么看?

李叶: 老师很多都知道的。同学已经见怪不怪了,天天见到。我也经常会很邋里邋遢地去上课啊,大家都不以为然。

叶蓉: 然后大家在网上聊,说知道吗?“淘宝第一美女”是睡我下铺!

李叶: 对对,这个有可能。我有同学去理发店洗头,理发师说,哦,这个大学是不是有个“淘宝第一美女”哦?她说是啊。理发师说,听说月收入很高的。她说,其实她跟我同一个寝室。然后,理发店的店员都是不相信的。我那个同学回来就跟我说,为什么都不相信呢?

庄晓凤: 感觉都是高高在上的。

叶蓉: “第一美女”一定不食人间烟火,像香香公主那样。李叶现在很红,据说是前段时间,你去星巴克还被某网友拍到放到网上。

李叶: 我觉得比较雷。

叶蓉: 明星效应啊。

李叶: 没有没有,我自己一直都没有那种心态,什么“第一美女”。我特别喜欢看美女,看的美女也特别多。因为感觉欣赏别人,自己也会美一点。当别人把我叫做什么“第一美女”的时候,浑身都会起鸡皮疙瘩。因为我这个人不是很内向,说话也比较大大咧咧。所以有的时候在网上,别的一些媒体也都说了很多次,不是什么“淘宝第一美女”,自己也不希望如此,大家愿意这样叫就叫吧。

叶蓉: 晓凤的体验肯定是另外一种感受。因为大家都知道,店主的知名度越高,小店知名度越高,逛的人一定多。

李叶: 对,可能是淘宝比赛那段期间店铺的浏览量非常高。我现在是挺后悔的,我应该抓住那个时机,但是我没抓住。我总是大大咧咧,感觉不要紧,我并不靠这个店发家致富,我就平平淡淡过我自己的日子。

然后人家都会说我很傻，没有抓住那个所谓最红的时机，到了现在是徐娘半老。网络上的红人更新很快，今天你红了，明天她红了。

叶蓉：现在有新的“第一美女”吗？

李叶：还没有，人家不会再取这个恶俗的称号吧。

叶蓉：但是，我觉得你挺会抓住这样一个非常好的吸引眼球的机会。因为知道李叶的小店所有服装的展示是自己担任模特，谁要去看“淘宝第一美女”，自然会看到你的服装。

范宏成：要看“淘宝第一美女”，进网店就行了。

庄晓凤：全部是她的照片。

李叶：因为我想，衣服静态地放着，总不如上身来得好。

叶蓉：从一开始你就自己展示。

李叶：对。我在论坛上卖自己闲置衣服的时候，就是穿在身上的。当然现在在淘宝上，基本上都是自己做模特。也有很多身材特别好、长得特别漂亮的模特，所以竞争越来越大了。

叶蓉：美女之间也有竞争。

李叶：可大了。

叶蓉：你有没有觉得，跟你的同学比起来，你有了这样一段网络上创业的经历，会显得比你的同学更加成熟？或者对这个社会有了更加深切的体会？

李叶：曾经觉得是，大四开始觉得压根不是。因为我以前一直觉得，我在网上有名气，我店开得挺好，大家都知道我，以为自己对淘宝比较了解了。其实根本不是。我是从一个合作联系的快递员那里，发现自己有多渺小。其实，学校里做淘宝的有很多，大学生很厉害，他们都默默无闻，或者说不高调。他们其实生意已经做得很大了，但是并没有什么人知道。我是从快递员口中得知的。有一天，我很开玩笑地对他说：我一个月快递发得挺多的哦，你要给我打个折。他说，其实你根本不算多，你们学校还有谁谁谁，发得很多很多。我就，啊，原来是这样，开始有点反思了。真是太井底之蛙了，厉害的人太多了。

庄晓凤： 我也有这种经验。最忙的时候，满屋子都是快递。他们要派几个快递员，一个写单，一个抽单，一个打包。我就很得意地说，我算你们大客户了吧？他也是用了同样的一句话：你们马路对面八十七弄有谁谁，一天我要收一个小时。穿过张杨路那个谁谁谁，那个商场还有谁谁谁。我说，天哪，还有那么多人做淘宝！就一下子觉得，原来我天天困在一个房间里，都不知道外面发生很多很多的事情。

网络创业，改变人生

叶蓉： 晓凤，你也利用网络去帮助了其他一些需要帮助的人。

庄晓凤： 这其实也是通过淘宝网的论坛，看到这样一位身患绝症的母亲——“魔豆宝宝”周丽红。当时她已经在床上不能行动了，但是她做了一个特别的电脑台，能够躺在床上仰着头打字的电脑。她在为自己的小女儿小魔豆开一个童装店——“魔豆宝宝小屋”。她说她不想自己的女儿没有衣服穿，因为她已经病了很久，没人带她出去买衣服。她知道自己患绝症很久了，好几年了，已经没有自己照料自己的能力了。所以，我当时看到之后就觉得非常震撼。照片上看，妈妈“魔豆宝宝”已经瘦得不成样了，连说话可能都比较困难，只能躺着不能坐。连翻一个身都困难，她还在坚持做这样的事情。而且她不用别人的捐款，她就是要靠自己，做交易做买卖来为自己女儿赚钱。所以我不是因为看她多困难，觉得要去帮她。而是她这种精神让我非常震撼。

叶蓉： 你也选择了一种特殊的方式去帮助她。

庄晓凤： 我想如果我捧着一沓钱给她，她肯定不会接受。我就去准备了一些小饰品，像珠子蝴蝶结之类的，自己做成小饰品在一个大学校园里进行义卖。因为我觉得大学生比较有热情，而且他们比较关注这种事情。

叶蓉：你熬了一个星期的夜是吗？

庄晓凤：几乎是，因为要一下子赶出好多，她已经病得不行了。

叶蓉：你做了多少件？

庄晓凤：一共卖了大概七百多块钱，但是都很便宜。比如这个戒指卖五块钱，手链我就卖十块钱，有的可能三块钱。然后写了个大海报，到大学校园里面设了一个场地，铺在两张桌上卖。大学生当时是挺支持的，筹集了大概七百多块钱，后来再加上我自己那份，一共筹集了一千块钱，太多，肯定她们不会要，但是我就想表达一份心意。非常遗憾的是，就在我义卖的当天，“魔豆宝宝”周丽红去世了。那是下午一两点的时候，我正在太阳下义卖，回来后才知道的。我赶去的时候，就只能参加她的追悼会了。

叶蓉：你辛辛苦苦在灯下做饰品，然后在太阳下卖，拿到这个钱，人已经走了。

庄晓凤：我都没见过她，所以当时去了，只能看到她的遗容。这一点是比较遗憾的。但是故事还没有完，并不是她走了，我也就走了，我也不关心了。我们有几个网友说，周丽红跟我是同辈人，她的爸爸妈妈也年纪大了。我觉得，这样一个特殊的三口之家，非常需要我们这一辈人去关心。老的需要小的去孝顺，小的需要大的去关爱。所以，我们要做的还有很多很多。不是说周丽红走了，我们就停了。

叶蓉：听说你到现在还在帮她打理。

庄晓凤：不是我，我们专门有爱心客服帮她打理这个店。因为“魔豆宝宝”是周丽红的一个梦想，一个希望，我们想把它延续下去，想着有一天，小魔豆长大了，把这个店亲手交给她，这是你妈妈的店。她有兴趣可以继续做下去。

叶蓉: 你们会有空去看小魔豆吗?

庄晓凤: 有,我们几乎每年去好多次,一两个月就会看她一次。每一次看到她都长大了。认识她的时候,她还读幼儿园,现在已经四年级了,很懂事,而且读书也很好,每年都是三好学生。我们也非常欣慰。在这样一个家庭长大的小朋友,可以那么懂事,我觉得就像自己女儿一样,每次去都很开心。

叶蓉: 网络是个虚拟的世界,但这个世界有着冷与暖,每个人都有特殊的感受。如果没有网络创业,你们觉得自己的人生会发生什么样的改变呢?

李叶: 我想我会在学校读书,大四会考研,朝着读书这条路走。

叶蓉: 那么今天有了这个小店……

李叶: 还是要考研,当然它多了一种选择。

叶蓉: 小店还会继续经营下去吗?

李叶: 肯定会继续。因为自己花了很多的精力和时间,不能放弃,要走下去。当然学习也得进步,打算去考研,我想试一次。如果不行的话,就放弃,好好地做我的小店。因为大学几年我其实一直没有很用心地去管理淘宝,要分散时间,毕竟是学生很难兼顾。等毕业之后,我希望把全部的精力放进去,能把它做好做大。

范宏成: 如果没有淘宝,或者以后,我找到了更高薪的职业,积累经验之后,我肯定还是会自己选择创业。因为也许是潜意识,我不适合或者不想给别人打工。

庄晓凤: 没有在淘宝创业的话,我也就是在一般的公司里打工,朝九晚五,挤地铁、挤公车。现在我唯一庆幸的是我不用跟他们挤六号线,不用挤公车,很开心。以后我还是会继续走下去,可能不一定会有多大的成就,但是我觉得这是我关心关注的事业吧,也会继续关心我关心的人,关爱我关爱的人。

叶蓉：对于财富，人们往往最先想到的是那些声名显赫的成功者。其实社会财富的真正创造者，正是无数默默耕耘的普通人。财富对于你们而言意味着什么？

李叶：对于二十岁的我来说，财富就是在适当的年纪做适当的事，并且获得奋斗的快乐。

范宏成：我人生的财富就是每天起床，对着镜子开心地一笑，家人、朋友或者陌生人对自己的一个乐意的肯定。

庄晓凤：财富是坚持，是每一次的成长，每一次的进步，一点一滴积累的过程。

【编导手记】

何　真

青　春　线

采访这几位大学生创业者绝对是一次愉快的经历。因为年轻，创业过程中的苦难也就不成为苦难，而精神财富显得富有活力和光彩。跟他们接触，我也年轻了好几岁。

拍摄的第一站是义乌，首先见到的是范宏成。他给我的第一印象是孤独。大学生喜群居，无论创业还是找工作，大多三五好友成群，朋友一起就算天塌下来也不怕。可是小范只有一个人。他没有伙伴、没有朋友，毕业之前他甚至与义乌这座城市没有任何的关系。

我常常想，"蚁族"当然是社会分配不公强加在年轻人头上的，但是这种聚落的形式未尝不存在某种合理性。许多人把蚁族的未来看成贫民窟，我倒觉得或许它有酝酿中国版文艺复兴的可能性。因为年轻人在一起，思维激荡、活力跳跃，也许就蕴藏着新思潮、新文化的火种。至少从排遣寂寞的功能来看，蚁族式生活也非一无是处。

范宏成曾有踏入"蚁族"的机会，他主动放弃了。快毕业那会，福建某公司一举在范宏成的学校招募了大量客服人员，其中许多是小范的同班同学。这家公司是以网上贸易为契机发展起来的一家公司，说白了是淘宝网上某"超级卖家"。这次招聘让小范产生了一个和同学们截然不同的想法：别人能在网上做生意，为什么我不行呢？别人不也是从一无所有开始的吗？

想干就干，于是在同学们纷纷南下的时候，范宏成选择了孤身一人东进。现在，他的生活状态与同龄人有很大的差别：独自租住在城乡接合部一处一居室的民宅里，租金很便宜。每天早上起床的第一件事就是打开电脑，等着顾客光顾他淘宝网上专卖小饰品的小网店。下午坐公交车去义乌小商品批发市场，在熟悉的店家拿货。然后回到电脑旁，守着他的小店，直至深夜入睡。

周而复始的生活很少有变数。小屋里没有电话、没有电视，也没有任何书籍。小范说他没有打电脑游戏的习惯，唯一调节生活的方式是偶尔在附近的小区和不相识的人打打篮球。除此之外，他几乎与世隔绝。只有淘宝旺旺上"滴滴滴"买家的询问才能拨动他的心弦，而这种拨动，几个小时内也未必会有一次。

这么描述，好像把小范说的很惨很孤独。直到我们游荡在义乌的大街上，走在新光饰品的招牌下。范宏成说起周晓光的故事，我才明白他的内心一点也不孤独。三十年前，义乌商人肩挑货郎担走上了创业的道路，三十年后，新一代创业者同样启程，只不过沉甸甸的货郎担换成了轻飘飘的鼠标。

同样的一无所有、同样的执著梦想，周晓光、王均瑶、楼仲平……这些曾经的创业者就是范宏成心灵的伙伴。尽管目前拥有的财富天差地别，小范坚信能找寻到属于自己的成功。

如果说，范宏成代表的是新一代的创业苦行僧。那么，我们接触的第二位创业者则是色彩斑斓的意识流代表。李叶出生于富裕家庭，从小衣食无忧，她是父亲眼中怜爱的小女儿，钱从来没有成为生活中的大问题。

高三时，李叶用平时的零花钱积蓄，开始拿货，在淘宝上做起了掌柜，主营服饰。1907 年年底参加淘宝举办的活动，自创短剧《水煮鱼的淘气生活——带你走进一个淘宝女生的真实生活》，以其清纯的外形、风趣幽默的故事，一夜之间在各大网络上迅速蹿红。

家境优越的她，打心眼里不想依靠父母。她最讨厌的就是别人经常说，“没关系，以后帮你爸爸做生意就好了”。她不是喜欢赚钱，也不是喜欢钱，她贪恋的是独立创业所带来的成就感。

叛逆、固执、自信、独立……李叶是典型的“80后”，她的个性被许多同龄人喜爱，进而追捧，可能是因为他们在“水煮鱼皇后”的身上看到了自己的影子。不过，这位皇后也有小小的人生烦恼。比如说，成名以后李叶去服装市场进货，再也不能像从前那样随心所欲。现在出门之前她都要花时间装扮一番，戴上墨镜，蒙上口罩，掩饰一下“水煮鱼”的真身。李叶说，她不喜欢成为众人关注的焦点，更没有想过利用这种关注出名、赚钱。

第三位创业者庄晓凤是个非常漂亮的上海姑娘，年纪稍长几岁，开店的时间也比较久。她可以算是第一批淘宝创业者，凭借一件件衣服的售卖做到皇冠卖家。

庄晓凤不是第一次被媒体关注。《新民晚报》曾报道过她义卖助人的故事——“宝宝星”在淘宝网上经营一家小店，卖女装和小饰品，生意还不错，特别是一些花心思自制的小首饰颇受欢迎。上周一，在网上闲逛的她无意中来到了“淘宝里的故事———魔豆宝宝专区”，看了这些震撼人心的故事后，“宝宝星”一夜无眠，“我一定要帮她！”

2006年5月12日，上海淘宝网网友“宝宝星”在水产大学南汇校区为周丽红举行了一次义卖，义卖的主要物品是“宝宝星”花了一周时间熬夜制作的首饰。

这是网上情感照进现实生活的一次案例。它证明了网上不仅有货与货的交易，也有真情和善心。

庄晓凤和一众网友的努力未能挽救魔豆妈妈的生命，但是让许多人为之感动。直到今天，几位网友仍在关注魔豆宝宝的生活，捐钱捐物帮助成长。

这三位大学生创业者创造了一个记录——走进《财富人生》最年轻

的嘉宾群体。他们未来会创造出同其他嘉宾一般巨大的物质财富吗？时代不同，机遇未必常在。但是他们至少证明：年轻时，新一代人做得更好。

第八辑

淘品牌，让生活更美好

张勇

淘宝网 CFO 、淘宝商城总经理

淘宝商城定位为电子商务解决方案提供商，致力于向品牌商提供电子商务一站式解决方案；向消费者提供安全、便捷、高品质的购物体验。

唐葵

方源资本总裁

2005 年 5 月至 2007 年负责淡马锡在中国的投资。公司高级董事总经理、淡马锡控股新加坡总部投资委员会及管理委员会成员，他是有史以来中国大陆人士在淡马锡任职最高的。加入淡马锡前，在华尔街著名投资银行高盛工作 11 年，由高盛纽约总部开始了他的投行职业生涯。后就职于香港分部，主管电讯、传媒和科技领域的投资银行业务。

方源资本自 2007 年发起成立，是全部由中国本土人才管理并决策的成长型私募基金。

1997 年，西安纺织工程学院毕业，2001 年创业。2006 年 10 月，在保持传统销售的前提下，麦包包正式开通网站，随后进入淘宝等购物网。与普通的卖包网商不同，麦包包拥有自己的设计师、工厂和渠道终端。目前，已拥有 13 个自由品牌，专门负责电子商务的客户中心人员近百人，是该公司扩张最快的部门。目标人群，定位为年龄在 16 到 35 岁的女性消费者。

叶海峰

麦包包董事长兼首席执行官 【淘宝商城名】 麦包包箱包官方旗舰店

苏勇

复旦大学管理学院企业管理系主任、
东方管理研究中心副主任、教授、
博士生导师。

1986年，加入复旦大学从事教学工作；1994，获复旦大学经济学博士学位；1995年至2003年，任复旦大学工商管理硕士（MBA）项目中心主任；2003年起任复旦大学管理学院企业管理系主任；2004年起担任复旦大学东方管理研究中心副主任。是我国企业管理领域的专家，专长企业战略与管理文化、企业组织与人力资源、品牌战略与市场营销。

一位白手起家的创业者，凭借独特的网络销售平台，经过陪消费者从淘便宜到淘个性的时代。紧贴潮流与时尚的设计，在销售服装的同时，更传达出一种“乐观、智慧、自信”的生活方式。

周勇

深圳市欧莎世家服饰有限公司CEO，
O.SA女装品牌创始人之一。

网是商圈，我做专业楼宇

叶蓉： 我们《财富人生》陆续采访了一些通过网络平台进行创业成功的人们。他们大多都是白手起家，缺乏社会资源，甚至缺乏营销的经验，创业历史最短的不超过半年。但是在网络平台上，他们凭借巨大的创业激情，超音速成长。今天，这些企业的年增长率都超过了300%。然而，再回首，他们距离起点却并不遥远。张总，你怎么看？

张勇： 每个创业者的创业起点各有不同。实际上，每一个创业者在人生抉择中的一瞬间，他自己的梦想被点燃了，只是在这个过程中他不知道。当他创业三年、五年、十年以后，甚至成功以后，再回首这个经历，这个梦想支持他走完一段路。

叶蓉： 郭峰谈到在咖啡馆的“艳遇”，一见钟情式“闪婚”在今天很难出现了？

【链接】参见本书《路上高峰》

唐葵： 我觉得这个机会更多了，至少多了五倍。在1999年、2000年的时候，有钱人不多，现在有钱人多了，一个企业家上市成功了，有些闲钱可以帮助下一代的企业家。有高级的白领在跨国公司，又年轻又有梦想，一百万、或者有多少钱，他们也会做这个事；还有父辈成功的企业，儿子不想接班，拿了一笔钱做投资，作为机构投资人;还有VC,还有各种各样的机构投资人等等。

叶蓉: 创业的外部环境,是否比十年前好了很多了?

唐葵: 我觉得好了很多。

叶蓉: 叶先生,你说不是一直不创业,而是为创业预热。你是在1997年进入了箱包的行业,但是到2008年6月才启动了麦包包项目,同年10月网站开通。我觉得很好奇,人家怀孕才不过十月,为什么你会有这样一个长达十年的时间?

叶海峰: 我的第一个企业不行了,第二个企业快关闭了。我面临着两个选择,第一个选择继续找工作,第二个选择自己做什么事。后来,有个朋友告诉我,你再找一个工作的话,应该也还好。假如自己做,决心可能不一定有,但这个十年会给你很好的机会。第一次创业,当时外贸很好做,从零开始慢慢创业自己的工厂、自己的公司。就像中国沿海城市很多的几个人到十几个人小公司一样,赚小钱是没什么问题,但是每个人有大的梦想,做大一点有更大梦想。到06年的时候,我当时看到了互联网电子商务的机会,我就决心第二次创业。

叶蓉: 第二次创业是真正介入了互联网平台。麦包包在2007年取得了长足发展,2009年销售额达到四千万,为什么在短短时间内取得飞速的成长?

叶海峰: 第一次创业给我留下了很好的经验。第二次创业我就知道,把我的梦想传递给团队,给他们创造很好的平台。第二次创业从第一天开始,就是要成为良好的企业文化,让大家一起成功的企业文化。所以,2006年的第一件事,把我很早创办过电子商务的同学拉进来,他有电子商务创业的经历,两个人创立了公司。从这儿开始不停找人,拉很多人,到现在五百多人。我做的事就是把原来的三个词:快乐、时尚、眼光,一直传递下来。当时的决定是对的,因为这种文化,把他们拉在一起。现在,我感觉不是一个人在创业,而是带着一大帮人创业。

叶蓉: 前不久,你刚刚获得千万美元投资。你觉得投资方看重你的核心竞争力是什么?

叶海峰: 投资方第一次只给我一个人。甚至在前几次,他给我的理由是看重我这个人和我们的商业模式。实际上是我们这个团队,我们的企业文化,一些东西通过我的口述传递出去,给投资人说:这个好的领导人带着一帮理念一致、有企业文化的团队、在正确时间点做了很大的行业。是这么一个故事吸引了他们。

叶蓉: 你刚才说独特的经营方式能够透露一下吗?

叶海峰: 我们是"自由多品牌"的一个模式。我们不止做一个品牌,同时自由品牌有十三个,都是自己创造的,通过互联网的形式创造。

叶蓉: 我非常关心一个问题,当一个产品生产出来的时候,放在网上,一般量是多少?

叶海峰: 早前的时候很少。第一次我去做的时候,我们很多代工厂关系良好,一个做五个,到现在,规模有几千个到几万个。

叶蓉: 成本控制很难的,你有这个难处吗?

叶海峰: 第一次创业给我留下很好的经验。我们第一次的时候,能够实现小批量生产,同时成本控制很低,因为一直给国外品牌做代工。在中国沿海代工厂最低,经过十几年寻商,成本控制很低。

叶蓉: 唐先生怎么看麦包包模式?

唐葵: 这个模式非常好,所有的创业产生新的业务和新的模式,最大的问题是不是满足了用户的需求?他们的受众非常喜欢这个产品,用他们的钱包展现他们的型号。

叶蓉: 叶先生归纳了自己在互联网的经验。张总,你觉得麦包包在淘宝商城取得成绩,关键点是什么?

张勇: 有两个方面的结合,就是电子和商务的完美结合。我们老叶创业,在前面第一次创业这个基础上再做第二次创业,正是第一次创业给他箱包领域知识积累奠定了基础；他选择了具有专业知识积累的品类，在这个方面商务积累达到了一个阶段。同时，他的合作伙伴、麦包包另外一个非常重要的创业者是在电子方面很造诣，并且对整个IT、对互联网非常精通。这两个方面的结合，构成了这个企业发展的非常好的原动力。所以，最终还是电子和商务的完美结合，才能造就电子商务业务的发展。

叶蓉： 刚才谈到2009年销售额达到四千万元，今年冲着亿元销售的大关。但是大家有忧虑，快速发展的企业势必带有忧虑。唐先生是风投界的资深人士，这是不是有风险呢？

唐葵： 高速成长有三个方面的风险。第一，在继续扩张而且高速度扩张的情况下，你整个系统、你的团队能不能跟上？继续保持这个特色。第二，是你现在进入这个阶段以后，已经有了机构投资者在公司里面。所以，机构投资者要看到你赚钱，他要看到你的利润，你的现金，要看你将来上市。而一个公司在这个阶段不一定有利润，或者通过战略不想赚钱，要打市场份额，规模先要上去，这个时候，怎么调和这个矛盾？是否能够凝成一股力量发展？第三，对麦包包本身来说，存在我的品牌建设的问题。你刚才谈到了包有十三个品牌，麦包包本身是门户的品牌。可是，这个包本身是不是能够打造长远的生命力？不断推出新的系列，不断调整，让大家能够深深忠诚它，这个对你来说是不同的挑战。

叶海峰： 唐总说得非常对。这三点是麦包包在目前阶段管理层一直思考所做的。第一点，我们在麦包包开始的时候到现在，对团队的需求只要忠诚，只要能够喜欢我们，能够忍受创业艰辛就可以了。现在一个阶段，我们需要很强的团队。从2009年到今年，我们投资人当时跟我们说，要找十个核心人员。实际上，我们现在应该是有这样一个班子，基本上这十三个核心人员每个方面的经验、还有阅历、还有人力，已经达到目前的阶段发展需求。因为在早的时候，我们就知道到这个阶段我们需要什么。所以，目前这个阶段已经解决了。第二点，跟投资人的关系。这几年中，接触的投资方很多；但是，我们挑选的投资方理念和我们都是一致的。最核心的一点，给我们空间。只有给我空间发展好了，才能回报。回报是一个结果，不能把结果放在过程当中作为理由。所以，第二点问题不存在的。第三点，也是麦包包重点关注的。怎么去做好品牌定位？怎么去把我们麦包包让大家知道，这是淘宝网或者互联网的一个商业形态。淘宝网是一个商圈，麦包包做的是专业的楼宇，所以要把麦包包这个楼宇做好；另外，把我们楼宇的每一层——我们品牌专业的店做好。这是目前我们花很多的精力在做的。

野蛮生长，打造品牌

叶蓉：可能很多人没有意识到：在选择创业的时候，实际上也选择了生活方式，甚至影响你整个人生。冯仑写了一本书非常有意思，叫做《野蛮生长》，讲的是创业者的最初生长状态，我觉得“野蛮”用在这里非常贴切。我不知道大家是不是熟悉张龙江先生？他说自己的舅舅跟他竞争。因为张先生高中毕业以后，由于家庭困难没有继续深造大学，他舅舅给了他第一份工作，而他出去创业的第一份工作和他舅舅一个行业。今天回过头看创业初期的生活，算是野蛮生长吗？

张龙江：我现在的回头看的感觉，是完全不同的，只是说体会那种过程非常残酷。现在我和我的舅舅关系特别好，因为是他，让我收获更多……第一个对手就是我的舅舅，确实让双方都有受不了的感觉，但现在看来，无数竞争对手都可以成为合作伙伴。

【链接】参见本书《转型转出新天地》

叶蓉：叶海峰，你两次创业有没有经历过野蛮生长阶段？

叶海峰: 有,每次不一样。第一次创业,因为利用互联网、阿里巴巴国际网站接国外的客户。但很多时候,旁边一个公司,或者一个城市另外一家公司,用低成本价夺取客户。

叶蓉: 低成本价,赚什么?

叶海峰: 中国人都很聪明。刚开始赔本,慢慢把客户做熟悉了,把价格做大。这个竞争很残酷,这点很正常。看起来,这个价格低于成本价为什么能够做?但是的确能够做了,而且能够赚钱,是通过其他方式。包括温州、上海周边、江苏很多企业都是这个现状。第二次做互联网,相对来说好一点,因为是新业态,很多人不知道怎么做,我们在做。但是,现在应该是野蛮生长季节。

叶蓉: 现在反而是野蛮生长,怎么讲?

叶海峰: 不管是做的好企业还是传统的企业,都到电子商务这个行业,因为电子商务很火。很多人进入这个行业的时候,人才争夺,广告资源争夺,包括产品争夺,货源的争夺,还有资本争夺。

叶蓉: 你说到人才争夺,你找了十几个人来,他们都从哪里来?

叶海峰: 基本都是我的朋友,不是对手。我做电子商务从 06 年到现在,接触到北京和上海很多朋友。成为朋友以后,他们觉得我这个人还不错,后来把他们拉过来,给他们高薪。

叶蓉: 刚才叶总说了,现在电子商务进入了野蛮生长时候,张总有不同的看法。有一个数字向你请教,有很多买家在网上得到三冠、三钻,有不同意味在里面吗?

张勇: 淘宝有不同体系,以星钻、皇冠反映。做了一个生意,用户满意给了好评,增加了评分,评分累计到一定程度上增加一个星。我们看到一个淘宝商家,生意积累到一定程度,到三颗星的时候,整个温饱就没有问题,基本能够在市场里面。套用老叶说的,野蛮生长里面,首先有一席之地,有回头客,增量客户每天进来,三颗星有保证。随着卖家越来越多，到另外一个阶段、里程碑星级，称为"三颗粒钻"。

从原来小本经营发展到企业化经营的雏形，这时候要考虑团队培养，团队建设。对外部来说，从有什么卖什么，到自己有创造产品，这是第二个里程碑，通俗地说，是从温饱向小康迈进的里程碑。这个里程碑发展好了以后，为这个企业最后一个阶段。唐先生讲的，这个企业从考虑自己产品、最后考虑自己的品牌。这是企业发展到一定规模以后，自然考虑长线规律。"三冠"、"三钻"是依托淘宝互联网平台进行网上经营的原生态商家们的发展过程。

叶蓉：谢谢你的介绍，让我们对"淘宝星"的概念有了更加好的认识。如果从风投专家角度看，比如说一百笔交易或者一千笔交易诞生，又如何区分不同台阶上创业群体?

唐葵：不同群体创业有所不同。当他有一个梦想，有一个商务计划，也许什么还没有的情况下，有人愿意给，这可能是第一个阶段。第二个阶段，拿了钱以后试验概念，能不能产生收入，能不能产生成熟的盈利模式？这可能是几年前麦包包的状态。到了机构的风投基金愿意投的时候，一般来说，一个公司应该具备几个条件：第一，这个公司已经有一个团队而不是个人，不是一个家庭作坊；而是已经有专业分工，相对来说还没有最完美，但是一个有初具模型的团队。第二，相对稳定的每个月收入，代表的是有一批用户追随你，已经积累了一点客户。赚钱不赚钱，在那个阶段对风投并不作为，大家看到的是第三个东西，这个公司将来是不是能够长很大？这个可能是风投判断最关键的问题。大家关心终端市场到底有多大?

叶蓉：你的介绍非常具有指导性。叶先生，在你的创业过程中，至今让你记忆深刻、让你比较难熬的是那段日子?

叶海峰：在 2006 年，我们决心做这个事情的时候。当时心里下了很大决心，这个事情不管是卖房子也好，借钱或者把钱花光，一定要走下去。在走的过程中，有什么支撑我的信念？比如说，看到电子商务的未来，看到我们行业的机会。最让我记忆深刻的是当我的理念、梦想传递到每一个人的时候，因为公司有几个月停滞不前，发展速度没有按照我们的预期，有一半人离开了，那个时候对我们信心有打击。

叶蓉： 团队流失一半？在多长时间内？

叶海峰： 一天内。

叶蓉： 有什么事情触发？

叶海峰： 不是的。在早期的时候，公司资金很紧，所以，麦包包工资很低。在团队，更多是精神上的东西：说我们未来要做到电子商务怎么样，做到箱包产业怎么样，一个梦想。同时，我们也提出我们的理念：让自己快乐，要让客户快乐。我的感染力还是可以的，但是给我时间太少。因为每天在给我们伙伴说精神的时候，同时要做出业绩，但是业绩滞后了。我们伙伴看到一个月增长可以，两个月增长可以；五个月增长起来，没有太大改变的时候，很多人怀疑了。作为我来说，我的能力还没有达到。但是留下的一部分人，到目前为止都是我们的核心。我记得在 2008 年的时候，我写了一封信：离开了，我祝福。留下的，我们一路走下去。后来发展过程一直提醒我，一定给我们的创业伙伴一个保鲜期。

张勇： 我接触很多淘品牌商家，经过一段时间发展以后，到现在是共通性的问题，从创业角度来说是物理层面坎坷。他投资了几十万产品，后来仓库着火了，本身业务很小没有安全意识，可能连商品保险都没有买，这样称为“物理坎坷”，包括团队流失。现在，面临人才竞争非常激烈。这里面，人才竞争最后的负面作用是对原来培养人才机制带来人才流失的可能性。这些都是物理层面的一种挑战，一种挫折。实际上，这些挑战和挫折是必经的。像仓库着火例子是偶然的，团队激励挑战、产品设计、满足消费者，服务的提升、短期内销售不旺，怎么样让销售兴旺起来，让消费者更满意……所有的淘品牌商家，每个人都有苦经，都能够写出奋斗史来。不经过这样，最后不能成功。打造自己的品牌——如何赋予精神梦想、赋予精神层面、人格层面的感情寄托？同时把这个寄托传播给上升这个品牌的消费者，从而打造流行品牌，打造成几十年的粉丝，是很多商家面临的挑战。这一定，也是整个创业的过程中必经一步。如果上一个层次，又是一片艳阳天。在这个过程中会有流失。创业不是100%成功，甚至创业成功是小概率，这个过程中一定有人倒下。但是我相信，一定有怀有品牌梦想的创业者们，能够把自己的梦想通过这个产品传递给消费者。能够打造成为百年老店、百年品牌是互联网提供给我们的梦想，也是创业者的共享。

创业的条件

叶蓉: 大家在我们身边看到了很多创业成功的例子，看到越来越多人加入到了创业者集体当中；我们下面探讨的话题就是：什么样的条件是创业者必备的条件？我们给出十个候选答案，我们希望大家积极讨论给出你认可的一条：

1. 有坚定的方向和意志品质；2. 有耐力和免疫力；3. 有商业概念和商业模式；4. 能积累本钱并注意节省成本；5. 会整合现有资源；6. 有良好的人脉关系圈；7. 时刻不忘学习；8. 经得起市场的经验；9. 具有打造和领导团队的能力；10. 有战略思考和长远打算。

现在，我把徐巧芸介绍给大家。

【链接】参见本书《女设计师的网络传奇》

徐巧芸: 我们研究过很多大牌的成长经历。他们可能从第一天诞生的时候，做的方向：他们做国际品牌，做一个自己独特品牌的概念，从来没有缺少过，这也是他们可以走一百年、一百五十年的支柱。对于我们来说，现在很小，芝麻绿豆，但是在模仿的时候，第一件事注册品牌。我们需要做一百年，真的需要中国设计师做可以让大家去谈的大牌。这个是我们一直会坚定下去的方向、意志、品质。

吴芳芳： 徐巧芸说的有坚定的品质和意志，这是创业者的先决条件。比如你是优柔寡断或者被困难打倒，不可能走到最后。说到商业模式和商业概念，如果没有非常好的商业模式不可能在市场发展。

我个人觉得，第八条“经得起市场的经验”是非常重要的。进入到市场，在公平环境中去厮杀，我们的模式是直接面对消费者，我们的商品需要得到消费者经验和认可，这样很透明，我个人觉得是非常完美的竞争环境。但是，你是否能够经过市场经验取决于前期准备工作和你对市场判断。我们每个人在初期，不可能说方向感或者判断是完全正确的，必须在这条路上不断修正。这个修正、在实际措施过程中，发现这条路有问题，或者这个地方判断有失误的时候，要及时调整。所以，敢于冲敢于闯是我们的经验。

叶蓉： 她让每一个投身其中的人，最后变成思考者。我想听听嘉宾对“成为创业者必备的条件”的意见。

张勇： 看了十条以后，我第一个反应就是第一条。所有十条要完成这个创业，要创业成功这个十条，都是需要具备这方面的能力。首先第一条指对创业者本身来说，创业者自己如果不信这件事，没有办法把信仰传递给别人。如果你让一个人做一个事情，首先看他信不信做得成功。如果自己信了，把这个信传递给团队；这个团队有共同信仰、共同理想和目标。朝着这个目标努力，尽管中间有波折，因为大家相信这件事一定会做成，所以大家不约而同去克服困难。这个过程中，核心成员坚定的方向和意志力是非常重要的。套用一个不恰当的比喻，美国的NBA篮球比赛有一句名言：永远不要低估总冠军的心。最后总结他成功的经验之后，有共同一点：这个创业者具备一颗总冠军的心，这是创业必备的要素。

叶蓉: 唐总怎么看?

唐葵: 我也同意十个因素非常重要,我认为最缺的一个是第九条,就是"具有打造和领导团队的能力"。缺这条,如何能够把一个很强的团队建设在一起?还能够把他们留在一起发挥大家的能力?这是非常难的一件事。要做到这一点,这个领导要很有胸怀,这是每个创业者要考虑的。

这个东西要有意识的自我考虑,首先第一个问题问:我差在什么地方?如果说问一个企业家他说什么东西我都解决了,那么这个企业家有问题。如果每个人都在自醒,这个问题好办了,因为充分意识到自己弱点在什么地方?才会找哪些人补充你弱的地方。我们要找的每一个人都要比你强,如果比你弱,那么你的团队越来越弱,这个公司怎么可能越来越好?第一要认识自己的弱点,勇敢面对它,而且忙着到强的地方去,找比自己强的人。看看团队的时候,要时时把他们留下来,在吵嘴的时候时时想他们,这样逐渐打造一个好的团队。

叶蓉: 我们听听叶先生怎么讲?

叶海峰: 我觉得十条当中第一条是天生的,有了第一条走到创业路上,其他九条,可以培养。想要创业成功,一个好的方向和先进品质是天生要有的,没有人给你。拿我自己来说,我第一次创业从两个人开始,到后来管十几个人。在2005年之前,我对互联网一窍不通。互联网需要高端人才掌控,让我管现在这样十几个人高管团队肯定不行。但是,我在这几年中不断学习,虽然之前也在学习,但是没有系统。这几年不停地学习,还有人脉关系,之前我们做传统不需要人脉关系,到了客户来了,价格很直接。现在不一样,现在做的是高难度工作,现在我的人脉关系具备这种能力,我的圈子慢慢扩大。

叶蓉: 只要有创业者基因,其他都可以学习达成的,你强调的是学习,学习能力和学习的主观能动性。前不久,世界顶级的大师安藤忠雄来到上海。他说：我已经六十多岁了，我带着梦想建造，如果一个人没有梦想再年轻也是衰老。创业总是伴随着人的梦想成长，我们非常感谢生活在互联网时代，改变了人们传统生活方式，更为重要的是改变了大家接近生活的方式。大家看过《阿凡达》，就是说：当你愿意付出勇气的时候，一定会找到属于你的那双翅膀。

“三 勇” 说

叶蓉：今天嘉宾是淘宝网CFO淘宝商城总经理张勇先生、复旦大学企业管理系主任苏勇教授，O.SA CEO创始人周勇先生。三位都是单名，三位都是“勇”字。三位是不是在生活当中非常有勇气的人？

周勇：恰恰相反。我在当中是特别胆小，保守的这样一个人。所以，我父母预感到缺少这个方面，所以在名字里面补了一个“勇”，提醒我要有勇气。如果说我有勇气的选择，就是创业的选择。因为我是比较保守和胆小，之前反复思考过，也曾经彻夜难眠。我问了自己一个答案，我知道创业很艰难，如果为此我愿意做出多大牺牲？最后的答案，如果实现我的梦想，我的生命缩短十年。我愿意做，出来创业。如果牺牲生命是否愿意？我发现我不敢。

苏勇：我觉得，我在生活当中不是一个特别有勇气的人。比如说，我去迪士尼或者主题公园，凡是惊险的项目我一概不玩。我想到最近出事的事情，不玩有道理的。但是，有一个事情比较有勇气。当初，我在各方面生活比较安定，也比较小有成就的时候，放弃了工资，参加了大学考试，而且还考了两次。终于考进了我梦想的复旦大学，在里面一直工作到现在。这个事情改变了从那个阶段以后的人生轨迹，这个也是引以为豪的有勇气的一件事。

叶蓉: 在人生关键的十字街口，都做出了勇敢的决定。

张勇: 我跟苏教授比较类似，在生活当中可能不是非常有勇气尝试新的冒险行为的人。但是在工作当中，特别是跟工作相关的决定都是比较大胆。我个人有几个披露，第一个是若干年以前，在上中国机场税的时候，我创造过一个很多人没有的经历。我创造的纪录是一周六天，每天早晨在上海买机场税。

叶蓉: 每天都要飞？

张勇: 对，每天是当天来回。那个时候没有电子客票，整个工作就是手里拿一把机票装到口袋，是下一个礼拜行程。到礼拜天，发觉六张机票有了。但是工作的一点，必须超过常人一点，才有回报。

叶蓉: 你说关于工作的事一直都有勇气，介意我问一个有关工作挑战性的问题吗？

张勇: 可以。

叶蓉: 大家都说淘宝网是非常好的商业平台，淘宝商城是中小企业孵化器。比如，“麦包包”叶总自己有一个网站，这些淘品牌们自己不断壮大，有一天，翅膀长硬了，想单飞了怎么办？

张勇: 这是非常好的问题，我也在很多场合被问到过这个问题，这两个并不矛盾。首先一点说，淘宝作为一个扶持中小企业商家的平台，这样一种梦想，不会因为这个而改变。我们会知道，在扶持当中，很多商家在上面成长，长大了。翅膀硬了，可能需要按照自己的企业规划做整个布局。这个布局可能有淘宝，可能有超越的淘宝，可能有自己的官方网站；在其他的渠道有它的布点，甚至开了线下店。

我认为，淘宝的生命力在于我们有这么多商家在这里。但是，另外重要的是有消费者和我们在一起。只要消费者在这里，所有的商家都会选择留在淘宝，尽管有发展的空间，有自己的规划。我非常鼓励商家有自己的规划，只有自己的规划、勇气带来的成长，才能最后达到目标；包括上次讲到的产品到品牌的提升才能实现。所以，从这个角度来说，淘宝更像一个土壤，更像虚拟的商圈。我们培养商家成长，商家成长了以后，可以到别的地方建立门面，这样合理的。只有这样，商家成长才能是长江后浪推前浪，有新的示范经验。

叶蓉：苏教授一定听过生活当中的例子。我也特别想创业，特别想在淮海路什么地方开咖啡馆，我也想在淘宝网上卖衣服，说说容易，行动很少。你怎么看创业挂在口头，迈出这一步非常难。

苏勇：这里是思想斗争的问题。尤其是当你、比如说原来在一个单位上班不错，拿着一点死工资，虽然不是很高，但是日子也还过得去。但是一旦要创业，就会面临很多已知的或者未知的风险，这个时候要有很大考量。比如，复旦大学有很多MBA，原来在打工，到了我们这里学了很多技术方面的知识，然后都热血沸腾去创业。我们学校有创业支柱，评选、教授他们创业等等。真正要跨出这一步不容易，因为这是跟自我挑战。做出抉择的时候，一定要仔细想好。中国传统文化说：先动后谋者亡。你做创业的时候，把一些能够考虑到，想到问题仔细考虑过，然后告诉自己可以开始做。这种准备是比较充分的。

叶蓉：我想到了周勇讲的创业之前的辗转反侧，不是缺乏勇气，是真实。你的创业是被创业，是你的太太先行动起来。

周勇：如果以我本人，不太选择创业。但是，我的太太有一个梦想，选择了O.SA品牌。像一个孩子最开始阶段妈妈带，但是他性格开始成型的时候，可能妈妈个人性格不一定合适这个小孩。可能打造成为坚强的小孩这个时候需要爸爸带，但是作为品牌的爸爸在一个阶段，会需要考虑自己的人生规划、他的梦想是什么。最后，我也是经过反复的考虑；或者说，在这两年协助我太太创业的时候，我慢慢喜欢上了创业。然后，我觉得这是人生的梦想。最后，我决定了，以后走这条路，一定要走下去。

叶蓉：周勇他是指腹为婚。他在娘胎里面，他的丈母娘看上他，今天和他的太太珠联璧合走上了创业。非常好。

周勇: 我感觉非常好,不在于指腹为婚,而在于我和太太性格非常互补,无论在婚姻上还是在事业上。我感觉到我们搭配很好。

叶蓉: 风投如果是夫妻创业者,要考虑夫妻关系?

周勇: 我们关系比较好,我们把所有风险考虑到。比如,我们公司刚创业的时候很小,几乎没有赢利,当时我和太太股份是50%对50%。

叶蓉: 这是概念上,不会真是你拿两万,我拿两万。

周勇: 在法律文件上是这样的,可是那文件是随意的。但是在公司决策机制上不行,我一直想争取领导权。我问她,因为在前一年我们没有真正分歧,我们产生方向上的分歧概率几乎为零。但是,我知道这个结构可能会有问题。所以我一直想说,要么是队长决策制,我们投票决策制;最后请到了朋友做独立董事。

叶蓉: 是你哥们还是她闺密?

周勇: 是我们俩同时认识的,我们没有动用过独立董事。现在,随着团队扩大,做新的加盟。

电子商务,诚为基石

叶蓉: 周勇,看到这个沙拉拉网站觉得特别亲切?

周勇: 因为我第一次网购就是在沙拉拉网站,通过网购买了一束鲜花给我太太。因为,当时网站的介绍说,送的鲜花是三十九朵;但是现实生活当中比较笨,我担心我太太收到花会怎么样?最后,我让她数了一下有四十六朵,我感觉到网络或者网购诚信。

叶蓉: 你有没有在创业当中犯错,但是从错误当中成长?

周勇: 我们比较幸运,但是也犯过小错误。有一次,我们的一批衣服出现掉色的问题。第一批大货和抽验没有问题，但是供应商混杂了一批有问题的面料，等到我们发出去给客户了以后才知道有问题。当时我也考虑过，这个对品牌有比较大的杀伤力。当时有两种处理方案，很低调处理方案，把所有货停下来不再卖。还有高调的处理方案，就是公开道歉，把所有货追回来。最后是我们的公司员工说，应该把这一批衣服全部追回来。我想了一下，觉得他的建议是对的，因为网络所有客户的评价都是可以看到的，在网络时代，信息传播非常多。最后打电话给所有客户，我们承担所有损失，加倍赔偿。并且把为什么出现这样的过程告诉消费者。最后让我非常感动的是，这一批大多数选择了来料，而且很多客户说不退了，已经洗过了。而且让我更欣慰的是，这个做法是下面团队员工提出来的，这是因为我们大家都有共同的理念。

叶蓉：今天电子商务在中国取得如此大的成功，它的诚信基石是最大的发展。张总，在这个过程中，说说哪些错误是一定不能够犯的？

张勇：不能够犯错就是诚信。在电子商务独特的商业模式下面，互联网是摸不着，接触不到，又看不到对方；我们称为货品，触摸不到；交易对方也看不见。对手好还是不好，取决于历史的纪录在网上展示，取决于以前的消费者对他评价和对他的看法。有一句话，说口碑是一个一个人经历过的用语言传递，口碑是最好的广告。所以，口碑传承是最重要的。

周勇讲的“O.SA的召回事件”，本身是因为事故造成的，但是他把这个事故能够反过来作为体现他诚信的机会。他在做这件事情的时候，可能没有想成营销方式。很多人想把这个方面坏事变成好事作为营销推广方式，最核心的一点要以诚对待，可能一次发生，一次当成营销，成本承担就完了。但是，类似的事情如果在不同情况下都有方式，能不能以诚信对待客户？

作为淘宝商城管理者，非常关注商家一个指标，就是二次购买力。一个商家用他的经营已经锁定了相对固定的用户，并不是在网上任意漫游找到商品，而是有目的到店里找到商品。所有商家以这样诚信为基石举动，消费者就对网上成长起来商家信赖，这对推动电子商务发展是非常有意义的。

叶蓉: 很多卖家对淘宝网商品排序，真正排序存在消费者的心中，就是商家信誉和口碑。我们买东西，一定会看下面的评语。请问苏教授，如何看待电子商务诚信的角色？

苏勇: 我们在营销理论当中可以找到答案，就是口碑营销。尤其在网上销售电子商务的非实体的经营模式，显得比较重要。因为我们中国一般来说，一手交钱，一手交货，我们看得见、摸得着是实体交易。我自己在网上买过东西，在网上看不见人到底长得怎么样；看不见东西，只看照片；就冒然把钱付出去。我第一次尝试网上买东西的时候，心里很忐忑，把钱付出去以后，送来的东西是不是我要的？有很多不确定因素。所以，就是商家的诚信行为是非常重要。我们也扶助以必要技术上保障措施，比如支付宝保障建立是非常重要。传统商品交易当中，包括企业和企业之间，B2B之间也有这个问题：一个是发货，我不付钱；一个说你不发货，我不付钱。所以，电子商务诚信非常重要。现在，我觉得慢慢这个方面趋势向好的方面发展。从理论界也好，从实物界也好，包括店主本人也看重这个东西，这是非常好的现象。

叶蓉: 如果把电子商务诚信作为基石的话题，如果对淘品牌进行跟踪采访，现在有新的现象就是逆向整合。如果一开始，淘宝小卖家通过质优价廉网货起家，刚开始出现一个品牌，再反向生产和销售网络。这个在淘宝卖家当中，有很多人做了尝试，他们面临了很多抉择。今天芳芳也在，请她说一下。

吴芳芳: 如果今天再反过来看这个决策，我依然觉得是正确的，是今年以来做的最正确的决定。在做这个决定之前，有过挣扎。因为当时线上业务量很小，线下通过打拼做出成绩。

叶蓉: 当时有实体店加盟吗?

吴芳芳: 当时我们有一百家,第一年招商有六十家,在传统服装行业里面是比较好的成绩。当时我们选择放弃,第一个金融危机来袭对我们传统行业冲击很大。对小公司来说,现金和资金变成了库存;另外一个原因,我本人有电子商务经验。那个时候,决定要去尝试。当时不是说,非要把线上和线下选择一个,断一个,当时经历和实力只能做好一项。所以,那个时候压力很大。因为除了外来的压力,可能还来自家人的压力。我妈妈几乎一天给我一封信,让我不要冒险,不要冒着看不到的危险,把自己推向深渊。我们当时不是武断的决定,分析了很久以后,我们觉得电子商务大有可为。当时竞争比较少,就决定进入。如果没有当时的"摩登小姐"这个品牌从线下转到线上,我们创造淘宝另外一个品牌:一个小童品牌;如果没有"摩登小姐"暂时离开线下业务,可能没有另外两个品牌复苏。

品牌才是自己的天

叶蓉: 走到今天,品牌建设的最大体会是什么?

吴芳芳: 最大体会是可控性。因为当时做代理的时候,网点遍布全国,这样反馈出来的数据比较慢。因为芙蓉是传统行业,如果从线下,永远不能从HM模式走。因为我们不具备实力,他们是多年整合的资源。所以,我们只有在线上的时候,有更多施展。包括品牌传播度,远远比线下做得好。当时我们打广告,成本很高,面很窄。我们对未来有信心,而且不能说不想做线下市场,传播度和自身经验慢慢积累,可能慢慢会转到线下的。

叶蓉: 我也想和大家分享一下最近感触很多的事情。世界杯打得火热，大家知道具有特色的“呜呜祖拉”在中国出厂价格最低是六角，最高二元五角。在南非是二十兰特，接近十七元人民币；最贵的是六十兰特，接近五十三元人民币。更多的钱被进口商、经销商赚去的，中国制造商赚取的不到5%利润。除了“呜呜祖拉”在世界杯赛场每个角落可以看到中国的足迹，不管是足球还有各国球迷手中挥舞的国旗更多来自中国制造。在巨大世界杯面前的中国制造，很难让人心升骄傲。问一下张总，在中国打造品牌上面，淘品牌们怎么做贡献？淘宝商城又怎么贡献？

张勇：为什么在全世界大舞台聚光灯下面遍地有中国产品？但是像中国足球一样，为什么不是主角？核心的一点是产品和品牌的区别。我们确实有很多优势，在中国有劳动力的优势，还有创意的优势，有创造性想法。如果产品附加值靠物理层面附加值，永远是有限的，或者永远被终端接近消费者营销的渠道控制。因为最终对消费者营销不仅是物理层面东西，更多的是情感层面东西。一个品牌赋予了灵魂、精神层面追求，才会打造产品不同结果。

怎么样创造产品更高附加值？赋予品牌更多内涵？对淘宝商城来说很重要的一点，看到了淘宝土壤上有那么多野蛮生长起来的原创的商家。在发展过程中，有的已经经历到一个阶段——想到了从产品走到品牌，有的可能为温饱问题发愁。但是从生长轨迹来说，称为生命周期可能会发展到一步，安然度过存活期，考虑怎么样创造出属于自己、赋予自己情感的产品，这就是自己的品牌。所以，淘品牌为了像这样的商家提供土壤，把他们共同特征汇总起来，这就是淘宝网成长起来最富有灵活机制，最懂得服务消费者商家。

我们曾经在阿里巴巴创业的时候提出目标：让天下没有难做的生意。今天又提出，在天下没有难做的基础上，开发出商业文明的新城，能够让消费者获得更好服务，更好的产品。让商家成长，能够有自己的一片天。只有走到这一步，摆脱所谓低端、纯粹靠成本竞争格局，能够让产品呈现丰富多彩，让消费者能够各取所需。

苏勇：中国所有出口产品都面临这样的命运，我们最后中国赚的是辛苦钱甚至是血汗钱，大头被经销商或者品牌拥有商拿去了，这和现在企业所有者和老板们心态有关。我写过一篇文章，品牌的背后是文化。一个品牌从默默无闻的品牌打造成为具有知名度的名牌，需要岁月的积累，需要文化的积淀，需要有很多具体事情做。但是，中国的商人和很多企业家，今天这个商品卖一万块，恨不得明天卖十万元，再后来卖一百万元。不是在怎么样提升品质、营造品牌方面花大工夫？而是一味追求销售额扩大。虽然销售额增加，但是品牌声誉、品牌含金量没有提升。所以，我觉得，如果我们要建立自己品牌，我们一定要扎扎实实做一些非常具体的工作。

联想到淘品牌这个问题，我也关注过。虽然我非常敬佩阿里巴巴的勇气，但是我觉得勇气可嘉，但是任重道远。因为淘品牌面临的是众多的商家，如果以一个品牌出现在整个商业领域，最重要的问题就是整合的问题。你怎么样把众多的商家的理念能够加以高度统一？这是需要花很长时间做的工作。第二，品质的统一，还有产品品质和服务质量的问题。如果有一个、几个、几十个企业家在淘宝网上开店，达不到品牌质量，我会觉得这家店不好我不去买。但是，如果以一个品牌打出去，这些没有达到要求，可能会影响到整个淘品牌的声誉、整个淘品牌的形象，这个对淘宝品牌的塑造是最大的挑战。

张勇：在我们决定推出淘品牌，这也是一个品牌，我们也考虑到这一点。为什么有很多的商家问我，我销量很大，为什么不能加入淘品牌？实际上，直到现在为止，赋予淘品牌集合成员的数量，占淘宝网数量还非常少，但是，他们中间有一个共同的特征：就是我们赋予淘品牌形象。我们能够让他入会的标准是什么？不是硬性的标准，不是销量买多少，你的规模有多大；而是本身对品质、对公益、对服务、对品牌理想有没有追求。在这个层面上有一点像VC，有一点像投资。不是用钱投资，用淘宝土壤鼓励具有品牌影响，用有创业精神的年轻人帮助品牌成长。可能未来淘品牌是概括的称谓，但是下面品类里面都有原创的品牌。

叶蓉：我有一个好奇请教张总，已经知道线下品牌已经加大推广力度，他们的优势是传统品牌营销能力。但是，本身小的商家，有灵活的服务，低的价格是不是处在内外夹击当中？

张勇：电子商务对传统企业来说，是现代必须尝试的事情，有越来越多传统品牌从看一看到现在自己试一下。本身品牌影响力、固有的消费群体能够带来很大帮助，这是竞争的优势。但是反过来说，淘品牌有自己的竞争优势，这个优势是它的原创性或者创业的激情。淘品牌是创业的公司，整个公司的团队能不能像一个创业团队那么战斗？这是他们立于不败之地的基本条件。另外一点，除了文化层面、精神层面以外，就是反向整合。“反向整合”的意思是，可能初期的时候是非常了解互联网，在整个网店上面积累了人气和消费者，有商品可以卖给消费者，符合他们的需要。但是，慢慢形成了自己的理念和创造了自己产品，必须把团队、整个供应链、整个采购链、质监链打通，适合到互联网状态。这时候竞争有优势。所以，反向整合完成的速度和效率，最后的成果好坏关系到淘品牌商家能力及能不能在传统大牌竞争当中占有优势？

另外一边是小店，用“三冠”、“三钻”来说，他们处于三星状态，为温饱问题发愁，为温饱问题努力。最重要的一点是一个差异化的服务，差异化的品牌，而这个时候，必须把竞争从一个纯粹产品竞争、价格竞争引导到品牌竞争，这是所有网上经营的商家们必须要迈入的槛。如果纯粹在价格竞争，可能当时每一步被迫而行，可能把价格压的更低。当你走过十步以后，迷失了自己，从头做这件事情的原动力歪曲了。最重要的因素，在创业当中怎么样把传统竞争提升到品牌竞争当中，这样才能找到轨迹，同时发展。

叶蓉： 今天有很多淘品牌创始人和经营者，如果大家有疑问可以请教几位嘉宾。

观众： 只有具备一种设计智慧，营销的智慧，以及回报社会的智慧，才能成就以后淘品牌，是否可以这样理解？

张勇： 这是非常好的诠释，是我非常敬佩的总结。在这里，怎么样从低端制造的制的竞争发展到智慧的竞争，这是一个淘品牌生存发展之道。随着企业发展，怎么样跟大牌竞争，怎么样跟小店竞争？我们可以看到互联网最终会达到一个明确的情况：消费者导向。非常柔性生产，这个生产和消费的关系变成了你需要什么我创造什么，而不是说我生产什么你消费什么。这个过程中，给所有的居于互联网成长起来的商家创造新的机会，传统的品牌们大腕们要完成转身非常困难，是因为现在整个机制、整个运作流程都是为传统工业化时代经销方式配置的。所以，我生产什么，我的渠道里就有什么，消费者只能买这些东西。现在对淘品牌商家来说，包括所有互联网成长起来的创业者们来说，互联网提供一个窗口，可以让你真正直线的零距离接触到消费者，了解他们的想法，搭准他们的脉搏，围绕这个组织生产，组织工艺，组织服务。

苏勇： 这是线上销售或者互联网销售的长处，大家可以密切互动。这个互动成本非常低，不需要在商店来讨论的情况。

观众： 我有一个问题想问一下苏教授，比较宏观的。你从第三方学术理论角度，怎么看待线上经济和线下经济的配比？

苏勇： 我觉得线上经济，包括新的商业模式对传统商业模式带来挑战，尤其在中国，有研究数据支持的。大家越来越喜欢尝试新鲜的生活方式、购物方式，都会给线上经济带来非常广阔的前途。也一定会给线下经济带来一定的冲击。淘品牌这个问题，我自己做过一点研究，这是一种非常有益的尝试，是阿里巴巴开封性的举动。但是，这个是勇气可嘉，任重道远。因为说实话，现在很多消费者之所以到淘宝网上买东西是看重两点：第一是便宜，第二是方便，而不是说淘宝网这个品牌特别好。我告诉你今天穿了淘宝网上买的衣服，大概没有人炫耀。

叶蓉：有，大概就告诉你多少钱。

苏勇：不是炫耀品牌本身，淘品牌自己创造品牌的声誉会带来很大的挑战，我觉得这里有很长的路要走。比如说拿我自己的经验，包括我周围朋友的经验：到淘宝网上买东西可以，但是不要买贵东西，我给自己设定的标准是三百元以下，输了也就是输了。第二个，我们有一个经验不要买比较炫耀的东西。比如女士的服装可能会买比较少，男士的衬衣款式没有太大变化可以买。如果达到淘品牌第一门类不可能过于单一，第二面对众多中小企业，从人的问题、产品的问题、服务的问题，包括各种各样的问题。要解决的问题比单一的厂家自己独立的建立一个品牌，面临的困难要大得多，如果真正把淘品牌做成比较具有典型意义的品牌是这样的。

观众：我们公司在淘宝网也算一面旗帜，但是在这两年遇到了很多瓶颈。如果淘宝商城定位作为大的商圈，或者比较高档地方，按照份额来说，问一下：我们怎么样能够迅速占据网络的份额或者品牌？

张勇：对于商家来说，怎么样利用互联网资源，利用消费人流引导是大学问。怎么样为商家、为品牌创造更多条件？能够实现更好、更灵活整合营销？大家有误区。电子商务是不是在互联网上？这句话一定不对，不一定在网上，可能在任何地方，现在的互联网和未来互联网，基于手机互联网、基于电视互联网互为一体。整个变化围绕这个趋势推行，才能保证自己的产品和品牌普及到更多消费者当中，使更多人成为你的粉丝。

观众：我是淘品牌做面膜的。在淘宝上面，有一个品牌是美国大牌，成交的价格是八十八元。我们面膜成交价格是一百二十六元。还有第三种现象，这个品牌在全球每年销售是几十个亿，我们做得很小；但是在淘宝我们超越了他们，他们排在我们后面。

张勇： 我补充一下。我觉得，固然低价竞争是不可取的。但是反过来说，并不是价格低的就是不好的。这里有一个逻辑在里面，最核心的一点：价格代表着背后的成本，成本代表背后的工艺，代表背后的服务；这些东西是不是能够满足消费者需要？最核心的一点，还是产品服务性价比。

苏勇： 不是说便宜的东西不能打造品牌，很多便宜的东西照样有自己的品牌。

【编导手记】

钱翰颉

谁的眼泪在飞

这是一次热烈的讨论，尽管，窗外是今年上海入夏以来最猛烈的一场大雨。

叶海峰的“麦包包”、周勇的“O. SA”、徐巧芸的“后构想”、董路的“蓝缪”、郭峰的“珂兰”、张龙江的“新天龙”、周防猛的“BLUERIVER”、吴芳芳的“摩登小姐”……每一个创业者的人生都是一段跌宕起伏的轨迹，每一个品牌的诞生都有一个一波三折的故事。

相似的残酷，相似的挣扎，相似的绝望……很多人的眼泪，在此刻，夺眶而出。

只有泥泞的路才能留下脚印。从三星到三钻，再到三冠，每一个人都是从温饱线开始起跑，一路的狂奔，让很多人根本没有时间去伤心，去回顾。而在今天，真诚而开放的交流，让每一个坚强的面具融化，让每一道警惕的防线瓦解。

眼泪，并不完全代表软弱。每一滴眼泪都是珍贵无比的珍珠。

作为电视人，我们理当提炼好每一滴眼泪的盐分，并使之成为所有后来者的养分。

初读张龙江的故事，尤其是他与舅舅竞争的那一段，艰难并不完整的叙述，表达的是潜意识下的矛盾与挣扎。动物凶猛、野蛮生长……这一类的形容跃然纸上。但是，在现场的讨论中，张龙江的表述却让人意外地感到欣慰。

“现在我和我的舅舅关系特别好，因为是他，让我收获更多……第一个对手就是我的舅舅，确实让双方都有受不了的感觉，但现在看来，无数竞争对手都可以成为合作伙伴。”

感恩、宽容、惜福……美德通常来自苦难的磨砺。

一页风云散，皆付笑谈中。参与讨论的创业者们，几乎都是不约而同地表示，过去的困难，现在看看，真的算不上什么。在无数次试错中成长起来的他们也同样清醒地知道，未来，并非坦途。

论坛场外，最火爆的世界杯仍无孔不入地延烧进现场的话题。虽然，听不见呜呜祖拉的噪音，但是，所有的人在为世界杯赛场上“中国制造”的悲剧而焦虑。最低六角出厂价的呜呜祖拉，却可以在南非卖到将近六十元，中国商人的利润到底在哪里？中国制造到底怎么了？

“我们要中国智造，不要中国制造！”

“只有赋予自己情感的产品，那才是真正的品牌。”

“创业让生活更美好，如果只有财富，生活不见得更美好，但是如果我们对社会付出责任，生活一定更美好！”

……

每一句真知灼见，折射的是创业的人生、思考的人生。

当线下的大牌也开始起了他们的“电子商务战略”；而C2C们又在以更低的价格和灵活的服务蚕食市场的时候，刚刚完成反向整合，正准备转型升级的“淘品牌”们，要想不成为“先烈”，必须在两面夹击之下，杀出一条血路！

创业不亚于任何一项残酷的竞技，但是锻造的是更强大的人生。

或许十年之后，再来回顾中国企业家群体成长的时候，我们会发现，对比柳传志、张瑞敏、王石这样的第一代创业者，淘品牌的年轻人们，他们并算不上幸运，但是，或许他们的意志、他们的技能、他们的创造性，一定会“青出于蓝而胜于蓝”！

在你们飞奔的时候，请让我记录你们的眼泪，以表达我的敬意！

附录一

淘宝商城开店攻略

淘宝网，亚洲最大网络零售商圈，国内首选购物网站，致力于打造全球网络零售生态链，由阿里巴巴集团于 2003 年 5 月 10 日投资创办。截至 2009 年 12 月 31 日，淘宝网注册会员超 1.7 亿人，覆盖了中国绝大部分网购人群；2009 年交易额超过 2 000 亿元，占中国网购市场 80% 的份额。2008 年，淘宝网创建淘宝商城，拉开了以企业为主体进军电子商务的序幕。

在我们展开企业在网络上进行电子商务之前，先让我们看看在过去的两年里发生的里程碑事件和一些企业取得的情况，看看电子商务的无穷魅力和新商业文明带来的奇迹。（见附录二：淘宝商城 2008–2010 大事记）

第一章 认识电子商务

我们现在越来越多地在探讨电子商务的主体是电子还是商务。对这一问题，我们看到很多不同的意见与观点，但归结起来，企业入住 B2C 的平台还是借助电子的手段以商务为主体。同时，我们可以肯定地说，电子商务并不仅仅是一种渠道；它所面对的是一个市场，是一个以已经习惯以网络购物为主体的消费者的市场，更是新的商业文明。

电子商务有非常鲜明的特点和优势。

首先，一个新品牌在建设过程中，渠道建设高昂的费用和漫长的周期是对新品牌快速发展最大的制约。而电子商务最大的优点是使渠道扁平化，在互联网上开一家店就等于在全国各地开店；全国甚至全世界的顾客度可以在任何只要能上网的地方就能买你的产品，大大节省了新品牌建设的成本和周期。对于一个传统品牌，在进入电子商务后，能在残酷的红海竞争中开辟出一条全新的渠道，而且对品牌的知名度和在规模上有很大的提升。太多的数据已经阐述了这个充满魅力的市场。

从目前来看，在以淘宝商城为主体的平台，最大的销售额市场份额在服饰、3C数码。这一领域充满了魅力与奇迹，就在写下这些文字的时候，淘品牌的首批卖家之一O. SA女装（一个网络创造并以淘宝商城为销售主体的品牌）创造了一天126万元的销售额。在2009年11月，优衣库、KAPPA等品牌一天销售500万元。2009年8月，联想旗舰店创造了月突破1 000万元的奇迹。或许，这便是电子商务的魅力。

其次，企业在传统渠道中，要获得品牌广告投放、市场分析、供应链管理等方面数据，要花费大量的人力物力，而且及时性和准确性很难得到保证；这给企业管理层在做决策时带来难度。而电子商务是建立在电子信息产业上的商务，所有商业行为数据化是电子商务的最大特点也是最大优点。品牌以销售为结果的投放广告、直通车推广到消费者浏览页面、购买、企业的物流、货品情况都是在数据化的运作下时时监控和体现，这让企业管理者能很好进行企业数据化运营。

再次，电子商务为企业带来良好的现金流。很多品牌企业在传统渠道中经营时，受传统渠道长达1至6个月等不同账期的困扰，使企业资金周转紧张，现金流短缺，企业的发展受到严重的影响。而淘宝商城为企业提供了一个无可比拟的资金回笼环境，基本上根据支付宝的交易流程，企业面对的收款账期为7天。这对很多自创品牌的商家来讲，是一个非常好的企业成长的基石。

第二章　企业认识淘宝商城店铺

一、淘宝商城三种性质的店铺

假设在企业分析好市场和准备进入电子商务领域，以企业的形式在淘宝商城上开店的时候，那就意味着要双方来第一次的亲密接触，这时，会听到“旗舰店”“专营店”“专卖店”等一些词语，这些内容代表什么？我们来看看淘宝商城店铺分类的官方诠释：

根据企业的不同资质及经营范围，淘宝商城共有三种性质的店铺，申请企业需根据自身实际情况选择符合的店铺性质。

1. 旗舰店——商家以企业自有品牌（®或者TM）入驻淘宝商城，所开设的店铺称为“品牌旗舰店”

a）经营主体：自有品牌企业（品牌须为申请开店的企业所有或企业法人代表所有）。

b）品牌资质：国家商标局颁发的商标注册证或商标受理通知书。

c）经营范围：同一品牌、同一个一级类目下的所有产品。

2. 专卖店——企业持正规品牌授权书，在淘宝商城开设的店铺，称为“品牌专卖店”

a）经营主体：取得品牌所有者正式授权的企业法人。

b）品牌资质：品牌所有者出具的国家商标局颁发的商标注册证，申请开店企业提供的品牌所有者出具的正规授权书，授权书需无地域限制；品牌所有者若为个人，则需同时提供身份证复印件并在授权书上签字。

c）经营范围：授权品牌下同一一级类目内的所有产品。

3. 专营店——企业在淘宝商城同一一级类目下经营多个（至少两个）品牌，此类店铺称为专营店

a）经营主体：在中国内地注册的企业法人。

b）品牌资质：若经营的品牌中含他人品牌，则每个品牌都需提供正规的品牌授权书（或正规的进货渠道证明）及品牌持有人的商标注册证；如经营品牌中含自有品牌，则需提供国家商标局颁发的商标注册证或商标受理通知书。

c）经营范围：同一一级类目下不同品牌的产品。

对于企业，还需要认知的是淘宝商城收费形式：

- 保证金＝10,000元（用于交易纠纷的赔付）
- 服务费＝实时划扣技术服务费＋技术服务费年费

  1. 实时划扣技术服务费＝支付宝成交额（不含邮费）× 商品对应的技术服务费率；（不同类目不同服务费率扣点，一般不超过5%扣点）
  2. 技术服务费年费：6 000元/年（商户需在入驻时一次性交纳）

- 注：具体费用支付相关问题以协议约定为准

二、淘宝商城入驻的主体流程

对于企业实际注册所需要的资料以及流程，我们也一并在此作为资料补充。但此部门资料企业的管理者可以先略过，可以交给店铺注册的岗位员工仔细阅读并参见淘宝商城的最新官方公告。

淘宝商城入驻的主体流程

1. 申请商家支付宝账号

   进入支付宝网站www.alipay.com，申请企业支付宝账号，并完成支付宝账号的商家认证。

2. 登录在线申请页面

   登陆淘宝商城招商页面http://zhaoshang.mall.taobao.com，点击"立即加入"。

3. 提交信息

   在线输入提交公司及品牌资料信息。

4. 签约

   在线签订淘宝商城服务条款、服务协议及支付宝代扣协议。

5. 等待审核

   提交您的资质及品牌资料等待淘宝小二审核。

6. 冻结保证金

请在您申请的商家支付宝账号中充入 10 000 元，淘宝商城将会在查收到后冻结作为商家保证金。

7. 开店

店铺开通，开张大吉，您可在商家管理后台免费下载相关店铺操作的培训课件。快递地址：杭州市文二路 391 号西湖国际科技大厦群 2 楼 淘宝网 新签组收。

商家所须提供材料清单：

1. 品牌/厂商

企业资质：申请企业需持有内地企业营业执照、税务登记证。

品牌资质：申请企业需持有中国商标权证书（商标受理通知书）。

服务资质：申请企业需遵守"淘宝商城"7 天无理由退换货、提供正规销售发票、积分活动……服务标准。

2. 品牌代理商

企业资质：申请企业需持有企业营业执照、税务登记证。

品牌资质：正规品牌授权书。

服务资质：申请企业需遵守"淘宝商城"7 天无理由退换货、提供正规销售发票、积分活动……服务标准。

企业首先要进行线上申请，详细请访问 http://www.mall.taobao.com/go/chn/mall/zhaoshang_home.php

在完成线上申请后，还需要按照系统页面提示邮寄资质材料：

1. 各种店铺分类各需要提供的品牌资质材料

以下企业及品牌资料请自行保存留底，概不退回，请见谅。

a） 品牌旗舰店

企业营业执照副本复印件。

企业税务登记证复印件。

商户自有的商标注册证复印件或国家商标局受理商标申请通知书复印件。

商户向支付宝公司出具的授权书。

b）专卖店

企业营业执照副本复印件。

企业税务登记证复印件。

品牌所有者出具的国家商标局颁发的商标注册证，申请开店企业提供的品牌所有者出具的正规授权书，授权书需无地域限制；品牌所有者若为个人，则需同时提供身份证复印件并在授权书上签字。

商户向支付宝公司出具的授权书。

c）专营店

企业营业执照副本复印件（必须通过最近一年度的年检）。

企业税务登记证复印件（国税、地税均可）。

您所要经营的品牌清单，即需要在专营店内进行销售的商品品牌名汇总。

若经营的品牌中含他人品牌，则每个品牌都需提供正规的品牌授权书（或正规的进货渠道证明）及品牌持有人的商标注册证；如经营品牌中含自有品牌，则需提供国家商标局颁发的商标注册证或商标受理通知书。

注：专营店商家需提供的进货渠道证明包括：代理商出具的由品牌持有人提供给其的品牌授权书商家从代理商那里取得的正规进货发票，发票内容需包括品牌、货品名称及数量等信息，且发票盖章显示的公司名需和代理商的公司名一致。

商户向支付宝公司出具的授权书。

2. 专营店审核标准及审核流程

a）审核标准

淘宝小二将根据商家在线申请时提交的“品牌清单”，结合淘宝商城买家需求开展审核工作。如品牌及商品符合淘宝商城买家需求则可通过审核进驻商城，如不符合则小二根据淘宝商城的用户购买行为来做判断。

b）审核流程

淘宝网在收到企业的“线上申请及线下审核材料”后，将于每月10日、20日、30日分三次集中进行材料审核。

淘宝网将于集中审核之日起的7个工作日内将审核结果，通过系统邮件回复告知申请企业（企业请密切留意在申请时填写的联系人邮箱）。

3. 专营店经营范畴

a）商城店铺不可跨类目进行销售。

b）专营店可经营品牌数上限，将依据类目不同而不同，具体见下：

一级类目	可经营品牌数
珠　宝	5个
服　饰	20个
化妆品	20个
母　婴	30个
运动户外	30个
食品保健	30个
3C	30个
家　电	30个
家　居	50个
汽车用品	50个
酒　类	100个

附件 1　淘宝商城 2010 年招商标准

一、目标（Objectives）

2010 年淘宝商城将继续围绕“品牌正品　商城保障”这条主线，全力打造网上购物的品牌之城。

为此，淘宝商城将从源头抓起，进一步完善入驻申请标准，不断提升商城商家的品质及消费者购物体验。

新的一年淘宝商城将从产品、服务、物流等多个角度对申请入驻的商家进行严格的选择、认证，即入驻商城的商家必须具备以下三点基本特质：1. 在行业内享有良好的声誉；2. 有严格的产品质量控制体系；3. 有完善的售后服务体系。

在商家入驻资质的审核方面，将包括三个层面的审核：

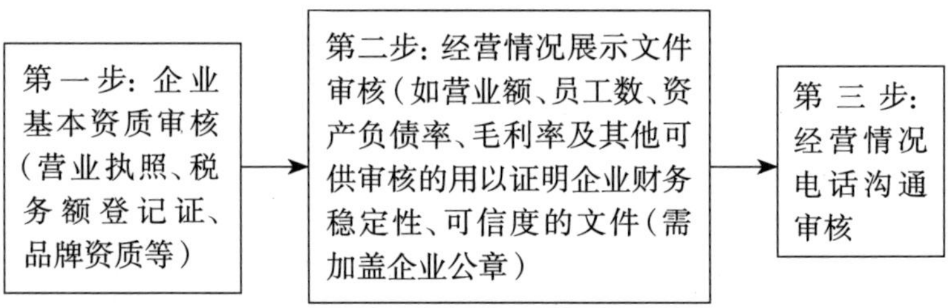

注：关于企业经营情况的审核，若企业不便直接提供相关文件，可仅提供一些关键指标如营业额、员工数、资产负债率、毛利率等文字性的说明并加盖企业公章。

淘宝商城希望通过以上各种有效措施进一步规范、优化交易环境，在充分保障消费者权益的同时，积极构建消费者和商家互利共赢的局面。

新的招商标准自 2010 年 2 月 1 日起正式执行（以商家在线申请时间为准），敬请关注。

二、入驻申请标准（Assigned to the application）

店铺类型	定义	经营主体	品牌资质	品牌资质详述	商家要求	经营范围
旗舰店	商家以企业自有品牌（®或者TM）入驻淘宝商城所开设的店铺称为“品牌旗舰店”	自有品牌企业（品牌须为申请开店的企业所有或企业法人代表所有）	国家商标局颁发的商标注册证或商标注册申请受理通知书	/	1. 独立的设计 2. 规范的生产 3. 高质的产品 4. 优质的服务	1. 注册受理中的品牌参照商标注册申请受理通知书上注明的商标分类并结合淘宝商城招商大类综合判断 2. 已取得商标注册证的品牌以商标注册证中注明的核准使用产品为准
专卖店	企业持正规品牌授权书在淘宝商城开设的店铺,称为“品牌专卖店”	取得品牌所有者正式授权的企业法人	国家商标局颁发的商标注册证	A. 品牌所有者出具的国家商标局颁发的商标注册证，申请开店企业提供的品牌所有者出具的正规授权书，授权书需无地域限制 B. 品牌所有者若为个人则需同时提供其身份证复印件，且身份证复印件及授权书上均须品牌持有人签字确认	1. 优质的产品 2. 售前、售中、售后规范到位的服务	授权品牌商标注册证中注明的核准使用产品

续　表

店铺类型	定义	经营主体	品牌资质	品牌资质详述	商家要求	经营范围
专营店	企业在淘宝商城同一大类下经营多个（至少两个）品牌店铺称为专营店	在中国大陆注册的企业法人	自有品牌：R或TM	需提供国家商标总局颁发的商标注册证或商标注册申请受理通知书。	1. 正规的渠道 2. 优质的货源 3. 丰富的产品 4. 完善的服务	同一招商大类下不同品牌的产品
			代理品牌：R	A. 需提供具有完整授权链条的授权书(即商家提供的授权书要可以逐级逆推回品牌商那里)；中国商标网上该品牌的商标注册信息及状态查询信息		
				B. 若商家不能提供逐级授权到自己的品牌授权书，也可提供由经销商出具的正规渠道证明，中国商标网上该品牌的商标注册信息及状态查询信息		

注 1.

由经销商提供的进货渠道证明包括:

a. 经销商所持的品牌授权书(须确保授权链条的完整,即经销商拿到的授权要能够逐级逆推回品牌商那里);

b. 经销商开具的正规进货发票,发票内容需包括品牌、货品名称及数量等信息,且发票盖章显示的公司名需和经销商的公司名一致;

c. 若品牌所有者为个人则需同时提供其身份证复印件,且身份证复印件及授权书上均需品牌持有人签字确认。

注 2.

专营店授权问题举例,如下图:

A 公司为申请开店企业; B 公司为品牌商; C 公司为 B 公司品牌的经销商;

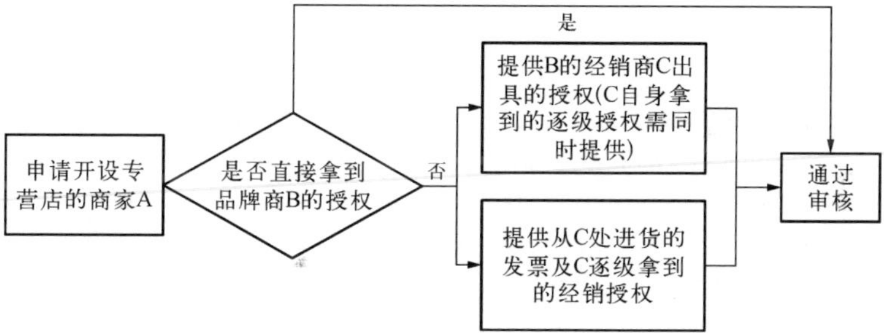

三、友情提示(Friendly Tips)

1. 淘宝商城暂不接受未取得国家商标局颁发的商标注册证或商标受理通知书的境外品牌的开店申请(酒类产品除外);
2. 注册申请尚在受理阶段的商标,需取得国家商标局颁发的商标注册申请受理通知书;
3. 珠宝类目不再接受专营店申请; 化妆品类目专营店将采取邀请入驻制度;
4. 宠物类目下活体宠物不招商,宠物食品及用品正常招商;
5. 服务类、园艺花艺/鲜花、古董/收藏等类目将采取邀请入驻制度,即不

续 表

再对外公开招商； 6. 经营特殊类目（化妆品、食品保健品、图书音像）需额外提供的资质详见此链接： http://list.mall.taobao.com/promotion/activity/question.htm 7. 请务必确保您入驻前后提供的相关资质的真实有效性（若您提供的相关资质为第三方提供，如商标注册证、授权书等，请务必先行核实其真实有效性），一旦发现虚假资质，您的公司将被列入非诚信商家名单，淘宝商城将不再与您进行合作； 8. 以上标准仅为开店申请标准，淘宝商城有权根据包括但不限于品牌需求、公司经营状况、服务水平等其他因素拒绝入驻，敬请知悉。 9. 如有疑问，欢迎咨询 0571-88158077（服务时间：周一至周五 9：00—18：00，法定节假日除外）

附件 2　具体流程安排表（供参考）

<table>
<tr><th colspan="4">30 日开店倒计时</th></tr>
<tr><th colspan="2"></th><th>商家要做的事</th><th>商家须知细分</th></tr>
<tr><td rowspan="3">基本概况了解，硬件、软件准备</td><td>开店前 29 天</td><td rowspan="3">1. 了解淘宝电子商务平台
2. 了解网店的基本概况（开店前的硬件准备，交易流程图）
3. 开通支付宝，掌握支付宝相关流程，提交保证金，并与相关银行账号绑定
4. 开通 E 客服，并进行相关权限设置
5. 掌握淘宝商城规则</td><td rowspan="3">1. 商家要知道需要哪些硬件
2. 交易流程图
3. 掌握开通支付宝流程图
4. 开通 E 客服流程图
5. 发票和积分规则，7 天无理由退货规则，物流细则</td></tr>
<tr><td>开店前 28 天</td></tr>
<tr><td>开店前 27 天</td></tr>
</table>

续 表

<table>
<tr><td rowspan="5">店铺定位、配送方式选择</td><td>开店前 26 天</td><td rowspan="3">1. 店铺定位分析（主要为如何定价）
2. 本店与竞争店家之间的分析、调查
3. 明确人员分工，确定人员工作流程，根据分工进行人员招聘
4. 行业专业知识准备</td><td rowspan="3">1. 商家需要知道如何定价
2. 知道竞争店家的销售运营情况
3. 商家需要知道一般同类型店铺人员配置情况
4. 商家要掌握需售卖商品的专业知识</td></tr>
<tr><td>开店前 25 天</td></tr>
<tr><td>开店前 24 天</td></tr>
<tr><td>开店前 23 天</td><td rowspan="2">1. 物流方式确认
2. 物流包装发货技巧
3. 发货样板确认
4. 了解淘宝平台提供软件</td><td rowspan="2">1. 了解国内物流现状
2. 物流包装发货技巧
3. 知道淘宝有哪些软件提供</td></tr>
<tr><td>开店前 22 天</td></tr>
<tr><td rowspan="4">经营方针确定</td><td>开店前 21 天</td><td rowspan="4">1. 确定盈利目标
2. 确定运营方针（服务条款，物流条款）
3. 制订培训计划（1. 了解商城培训计划 2. 店铺内部培训计划）</td><td rowspan="4">1. 商家需要了解对本行业店铺的盈利预期
2. 需要对店铺有长足的规划
3. 需要知道商城培训组对新商家的培训计划
4. 需要了解新商家店铺自己需要进行哪些内容的培训</td></tr>
<tr><td>开店前 20 天</td></tr>
<tr><td>开店前 19 天</td></tr>
<tr><td>开店前 18 天</td></tr>
<tr><td rowspan="4">店铺基础装修</td><td>开店前 17 天</td><td rowspan="4">1. 制成并确定店铺模板
2. 店铺基本设置
3. 店铺分类管理
4. 自定义页面设置
5. 图片管理
6. 制作店铺 Logo</td><td rowspan="4">1. 商家要知道如何制作店铺模板
2. 商家需要掌握店铺基本设置技巧
3. 要掌握店铺如何进行分类管理
4. 掌握自定义页面设置方法
5. 掌握如何进行图片管理
6. 掌握店铺 Logo 制作方法和规则</td></tr>
<tr><td>开店前 16 天</td></tr>
<tr><td>开店前 15 天</td></tr>
<tr><td>开店前 14 天</td></tr>
</table>

续 表

<table>
<tr><td rowspan="5">产品拍摄,详情准备</td><td>开店前 13 天</td><td rowspan="3"></td><td rowspan="3">1. 掌握如何拍摄漂亮并符合规则的图片
2. 掌握图片处理技巧</td></tr>
<tr><td>开店前 12 天</td></tr>
<tr><td>开店前 11 天</td></tr>
<tr><td>开店前 10 天</td><td rowspan="2">1. 掌握商品上传技巧
2. 掌握产品描述技巧</td><td rowspan="2">1. 掌握商品上传技巧
2. 掌握产品描述技巧和规则</td></tr>
<tr><td>开店前 9 天</td></tr>
<tr><td rowspan="5">开通、试运营</td><td>开店前 8 天</td><td rowspan="2">1. 淘宝店铺宣传推广特点
2. 促销方案确定,前期准备
3. 资源分配规则和申请流程</td><td rowspan="2">1. 了解淘宝店铺宣传推广特点
2. 如何制作和确定促销方案,前期需要做哪些准备
3. 了解资源分配规则和申请流程</td></tr>
<tr><td>开店前 7 天</td></tr>
<tr><td>开店前 6 天</td><td rowspan="3">1. 阿里旺旺使用技巧
2. 掌握初级客户服务技巧(初级客服)
3. 退换货处理方法</td><td rowspan="3">1. 掌握阿里旺旺基础使用技巧
2. 掌握初级客户服务技巧(初级客服)内容
3. 掌握退换货处理方法</td></tr>
<tr><td>开店前 5 天</td></tr>
<tr><td>开店前 4 天</td></tr>
<tr><td rowspan="3">提高认知度,推广活动</td><td>开店前 3 天</td><td rowspan="3">1. 试运营,修改调整
2. 促销方案试执行,调整</td><td rowspan="3">1. 掌握工作衔接流程,使店铺工作有序展开
2. 统计和调整定价策略是否合理
3. 调整促销方案
4. 总结店铺运营情况</td></tr>
<tr><td>开店前 2 天</td></tr>
<tr><td>开店前 1 天</td></tr>
<tr><td colspan="4">开张营业</td></tr>
</table>

第三章　要人才——基于电子商务的组织架构特色

21 世纪最缺的是人才,但在电子商务领域,大家确实遇到了人才慌。原因是什么?电子商务这一领域的发展远超过人才培养与流通的速度。

它给了年轻人成长的机会，同时也出现了专家级人物的匮乏。

我们先来了解电子商务的组织架构特色。用图表的形式表达一个通用的组织架构，同时我们提醒大家的是：这里缺少一个“IT系统部门”，我们将在第五章里详细阐述IT系统对电子商务的重要性。

可以说，企业要找懂电子商务（而因为现在超过80%的网络购物发生在淘宝，确切说可以是懂淘宝）的人。而这一个“懂”字，其实涵盖了很多的内容。现在，基于电子商务的购物流程、支付手段是被淘宝养成和固化；所以，要懂流程、懂支付。

现在，企业基于已销售为目标的推广（广告等）主要发生在淘宝商城，所以，要懂数据（UV|PV、IPV\转化率等各种数据）以及能够分析数据以取得更好的效果。因为，现在的销售主要依托于淘宝商城，所以要懂“特点”，就是企业所涉及的经营产品的类目的特点。在什么样的季节的销售比率，以及与线下的差异（比如，线下在2009年的衣服，2010年可能就不能再卖了；而网上可能2009年卖得好的，2010年持续好；这是基于销售数量搜索排序等众多原因）。现在，电子商务的交流工具主要为旺旺客服。所以要懂旺旺，懂旺旺工作分流、懂旺旺客服的特点、客服的运营数据。

所以，一个“懂”字怎是了得。怎么找人、怎么挖人、怎么培养人、怎么留住人，就看各个企业自身的情况了。

附件

淘宝网店的管理机构及职责

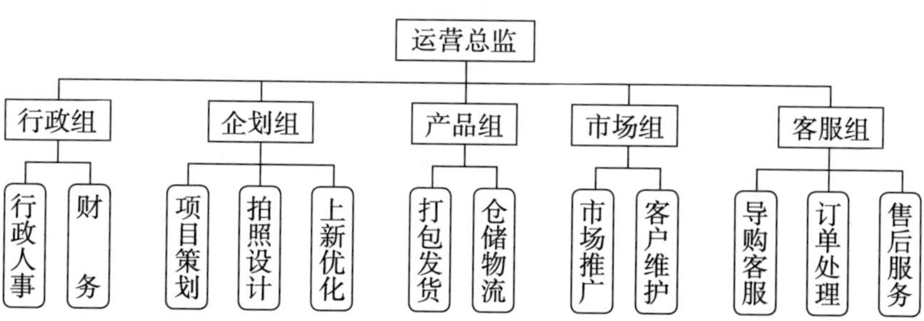

<table>
<tr><th>模　块</th><th>任务类别</th><th>任　务　项　目</th><th>责 任 人</th></tr>
<tr><td rowspan="2">整体规划</td><td>平台选择
投入策略
品牌策略</td><td>淘宝商城</td><td rowspan="2">企划组</td></tr>
<tr><td>网店定位</td><td>产品定位：确定适合网络经营的产品
客户定位：确定网店主要目标客户群及排序
价格定位：确定网店价格
特色定位：确立网店特色的表现方式
服务定位：制定特色服务制度，确立表现方式</td></tr>
<tr><td rowspan="2">平台建设</td><td>网店设计</td><td>店铺招牌：设计所有直营店的招牌
产品分类：设计直营店的产品分类
子页面：设计主店的子页面，分店有所不同
描述模块：设计产品描述的模板
促销区：设计不同促销区页面，供更换
自定义模块：设计品牌自定义页或促销自定义页
网店空间：开通空间，填充内容</td><td>企划组</td></tr>
<tr><td>辅助平台</td><td>企业博客：开通博客，撰写博文
淘宝论坛：在论坛发帖、发起、赞助活动等
客户俱乐部：建立客户俱乐部</td><td>市场组</td></tr>
</table>

续 表

模 块	任务类别	任 务 项 目	责 任 人
内部支持	确立人员	确立每个相关部门的接口人	运营总监
	清晰流程	为涉及各部门的任务划定清晰的流程	
	合作沟通	与各部门接口人对流程进行沟通	行政组
团队搭建	岗位设置	清晰设定岗位职责和任职资格	运营总监
	薪酬体系	确立各岗位的薪酬制度	
	沟通制度	与团队成员沟通，传达岗位职责和薪酬制度	
网店运营	产品上架	商品拍照：对店内产品，尤其是畅销产品，拍摄适合网店销售的大图、细节图等 商品描述：按照四大模块，编辑商品描述 价格确定：根据不同时期，确定不同价格	企划组
	在线销售	在线服务：几个旺旺同时在线为客户提供销售服务 交易处理：在线销售员同时处理各类改价、备注、改发货状态、评价等处理工作	客服组
	配货发货	配货：调配货物，并核对 打包：按照打包规范进行操作 发货：安排快递取件发货	
	售后服务	接待客户各类反馈 建立客户资料数据库	
	客户维护	客户关怀、促销信息发布 统计分析，决策支持	市场组

续 表

模 块	任务类别	任 务 项 目	责任人
网店营销	软营销	策划：营销岗位人员策划软营销活动方案，并报批 实施：报批通过的方案，组织各类资源实施 总结：监控数据，总结营销案的策划、实施状况 策划：在开业、节日、周年、庆典等关键时间点，策划投放广告的方案	市场组、企划组
	硬广告	购买：与淘宝相关部门联系购买广告 设计：设计人员根据策划案，设计广告 实施：按计划投放，各部门做好销量变化的配合准备 总结：监控数据，总结硬广告的策划、实施状况	
	店内促销	策划：定期策划不同促销活动，吸引买家关注参与 设计：美工人员设计实现 上线：活动上线，各岗位做好调整准备 总结：监控数据，总结硬广告的策划、实施状况	市场组、企划组
	市场调查	对于同类产品的市场、销售情况统计	

第四章 要流量——数据化运营的店铺推广

前面说过，电子商务现对于线下还有一个非常重要的特点：数据化、及时和迅速。为品牌已销售为结果的投放广告、直通车推广到消费者浏览页面、购买、企业的物流、货品情况都是在数据化的运作下时时监控和体现，这让管理者能很好地运用数据化运营。所以，我们来聊聊基于电子商务的淘宝商城企业店铺可以借助的推广方式和各自的特点；同时，我们在每一个推广方式背后附送一个来自商家的真实感受和经验。

推广方式：硬广、直通车、秒杀、淘宝客、团购活动、超级麦霸。

一、关于淘宝硬广告

★案例：神经元的舞蹈——裂帛

1. 从分子美食谈起

有一本书叫《分子厨艺》，讲的是用科学的态度去看待传统烹饪里面的根据，以改进烹饪。有点像实证主义一样，那些厨师不像厨师，倒像科学家，常常把厨房弄得像实验室似的，有各种的机器、仪器，试管等等。比如说，煎牛排时盐该怎么撒，先下盐，这个肉汁会不会因为渗透的缘故就跑出来。那么，后面撒盐，盐是不是有足够的时间渗到肉里面。书中谈到分子厨师们怎么做研究。他们把肉裹上细盐，每隔一段时间称称重量。实验显示，失水跟选择的肉品有关，而跟撒不撒盐无关。那么，在之前先撒盐呢，他们用X光去照过，去看看盐是撒在肉的外层之后，能不能进入肉里面，结果十分明显，盐没有进入到肉中。不仅如此，而且他还发现：舌尖加热到摄氏35度的时候，会产生轻微的甜味；冷却舌尖到摄氏5度，就会造成酸的味觉等等。也就是说，我们研究越多味觉的生理机制，我们就越有可能知道未来的食物该是什么样的。

回过头我们用同样的方式，来看看我们应该如何来对待淘宝广告吧。坐在电脑前，打开淘宝的页面，网络广告的清新自然已扑面而来。那些小豆腐块的简单、直接、不晦涩、不扭捏，针对性强，让大家直奔主题而去。如果说，那些线下的广告是饕餮之欲，将你的胃口塞满油腻，并且难以消化的话，那么，网络广告就是在你神经元上的舞蹈，虽然叫卖声不绝于耳，但诚实可爱，拨动你的某根神经的琴弦，让你心跳不已。

2. 做好广告的卖家都是分子广告的意会者

能做广告的卖家都不是小卖家，做好广告的卖家都是分子广告的意会者。因为，如今的淘宝广告绝不是便宜货了，有些广告都相当于淘宝一名员工的年薪了。那么，建议淘宝将《广告投放前准备全攻略》的PPT发放给每个广告客户，那里面有前期详细的攻略介绍，在“广告投放之内功”中由“营销规划”到“投放策略”再到“店铺准备”和“团队准备”，还有“广告资源”等等，甚至是“广告投放倒计时30天工作表”都可以照搬过来。

这份PPT中的每一环节工作都必不可少，特别是在营销规划中指导广告投放，将会有延续性和整体性，不会造成客户体验的缺失。其中有一句话：“如果有广告投放，则至少提前1个月做好规划，以预留时间做其他工作的准备。”不知道有多少店家做到了这一条，但是这一条应是每个策划人员的金科玉律。只有这样，才能将广告投放细化下来。从“店铺准备”到“团队准备”，才会有强有力的核心和执行。从这时起，到确定推广产品、文案、设计创意、促销方式、推广资源等，每一步骤都会使这次广告彻底丰满起来。

在这些环节当中，每个店家都是根据自己的情况进行适当的调整。比如说，确定推广产品时，就应该着重考虑定价策略和产品策略。特别是全店大活动时，这更是需要各部门的协作，进行整体的把控。而文案此时除了洞察消费者内心外，还要拟定主题。此时文案的大忌是杂乱繁多，文案应同视觉平面的配合着，在狭小的空间内完成三项任务：主题、策略、品牌，这三点缺一不可；而且必须清晰明了的表达，不许啰嗦，不许无效文字，将广告的功能化演绎到极致，以达到吸引流量的目的。

到了设计创意这一步时，原则就是吸引眼球并不招致反感。这里的设计创意种类繁多，将你的主推产品放在首位是一种，表达氛围是一种。同样，设计感的统一是关键，前面提到在营销规划中指导广告投放就包含这一步，全年的设计风格指导，和阶段化的设计风格指导。只有这样，你的品牌才会深入人心。因为客户在今天看到，明天也看到，后天才点击的现象比比皆是。但你如果千变万化，那么，客户将没有品牌体验，没有记忆，也就没有认知感。

这之后就是促销方式与推广资源，关联到你是否为你新来的顾客打好了良好的体验基础，从而将他们转化成你的忠实客户。而效果预估是对流量、转化率、产品接受度、全天销售高低峰、物流等进行预估，以指导团队筹备和各方面准备。然后，再根据营销规划方案中的预估进行店铺的准备，包括：店铺调整、产品描述、价格调整、供应链梳理、产品准备、赠品准备、应急预案。团队准备需贯穿所有环节，以保证投放的顺畅完成，包括广告投放前、投放中和投放后。

3. 每一次广告投放的后期就是下一次的前期

我们常常忽略的重要步骤就是投放后的评估、总结、学习。因为一般做完一期大活动的广告投放后，各部门的压力都卸下了，只有发货部开始忙碌了。这时就凸现了数据专员的重要了，流量分析、数据汇总、成功与失败的总结，都要开始进行了。这些工作的详细与马虎，决定了你下次广告投放的成败。因为在投放过程中充满了不确定因素，有些是你无法控制的，有些是你能趋利避害的。

分子广告的重要点就在于实证主义与科学主义的结合，传统的线下广告大多是对品牌影响力的提升，“无形的精神力左右物质的典范”。所以，你不可能将你打折的信息放在上面，你也不知道有多少人是看着你的广告走进你的店铺的。而分子广告将点击率透明，成就了实证主义的平台。各项数据在后台就像是味蕾，为你提供了无数的味道。点击时段的区别告诉了你的客户群的年龄，地域的排序告诉了你的价格和客户基础等等，通过这些分子量化的过程，找寻到你市场的动向和新的疆域，检验你的产品结构和团队效率。

这些总结就是不断的学习过程，观察其他品牌，学习同行的经验，互联网上没有秘密，只有精力。再深一些就是视觉广告的研究，将一切解构、细化，从色彩到心理，把分子美食的规则套过来。也就是说，我们研究越多视觉的生理机制，我们就越有可能知道未来的广告图片该是什么样子。同理，我们研究越多市场的生理机制，我们就越有可能知道未来的广告该是什么样子。

二、关于淘宝直通车

淘宝直通车是为淘宝卖家定制的推广增值服务，是CPC收费的一种方式，其起源于Yahoo，是企业产品定向推广的一种非常有效的方式。

企业主为想推广商品设定相应的竞价词，当竞价词被买家搜索到时，商品就会出现，并会展现在淘宝搜索结果页面的右侧和最下方（以及其他直通车业务售卖的展示资源）。当买家点击您的宝贝链接时，系统将从您的预付款中按照竞价规则扣费。不点击不扣费，展示免费。让淘宝卖家方便地在淘宝和雅虎搜索上推广自己的宝贝。广告效果确实不错。

直通车非常有魅力。它基于SEO、分析、关键字于一体，是非常考验企业数据分析能力的一个平台。怎么样让直通车的ROI回报最高，可以做很多的专题的研究和探讨。所以，我认为它充满了数据的魅力。

直通车有一个很重要，就是关键词要对应相关的产品才有效果，这就是精准。长尾关键词要比行业广泛性的关键词有效果。做广告的关联要和广告的对象相统一，不然，广告的时效性会打折扣。比如你做运动的广告，那么点进去后链接进去的应该是鞋子的展示，而不是整个网站首页的展示或是整体产品的展示。这一些都是需要我们去认真琢磨、研究的。

给大家一个鲜活的例子：尚客茶品。这是从一家小企业起步，发展到今天月销售过万规模的企业。

★案例　尚客茶品：精耕细作做好淘宝直通车推广

在2009年9月，厦门。一个把传统农产品与现代电子商务领域紧密结合的品牌出现了，一个具有浓厚的传统文化和色彩元素的茶融入了众多的时尚元素，一个以打造网购品牌为目的的茶叶品牌出现在世人的面前。而这个品牌，就是融入厦门尚客茶业有限公司CEO吴文材及其团队诸多梦想和愿景的茶叶品牌——尚客茶品（SUMCL）。

尚客茶品从一家小企业起步，发展到今天的规模，其间经过的考验是外人无法想象的。公司初创之时，由于存在着强大的竞争对手，情况开始不容乐观。在这种情况下，只有进行二次创业才是唯一出路，其"二次创业"称为"尚客独特创新"。尚客茶品在一开始发展遇到了诸多困难和瓶颈，但是这正是前进的动力所在。有困难，就去克服。而成功的因素之一就是与淘宝网紧密结合与互动。一开始蒙头往前冲，没有很好的掌握和利用电子商务的特性，发现并不可行，也是错误的。之后，在淘宝网的伙伴们支持下，一步步走向了成功之路。

吴文材认为：品牌是茶叶产业的聚宝盆，品牌为商家和消费者带来了的价值不可低估。尚客茶品的高速发展的情势，表明现在是处于精耕细作的时代，要真正把尚客茶品做大做强，就需要自己和每一个经销商真正爱护好、呵护好尚客茶品这一具有光明前景的茶叶电子商务品牌。

尚客茶品成功的因素之一，就是与淘宝网紧密结合与互动。紧密并不断地使用淘宝网的一种全新的搜索竞价模式——淘宝直通车。在淘宝网的标准化流程指引下，尚客茶品参加更多的淘宝促销活动，那里有不定期的直通车用户专享的淘宝单品促销的活动，加入直通车后，可以报名各种促销活动。也参加了直通车的"单品热卖"活动，形成了较好的影响力。淘宝直通车是为淘宝卖家量身定做的推广工具，让淘宝卖家可方便地在淘宝和雅虎搜索上推广自己的宝贝。淘宝直通车具有广告位极佳、广告针对性强和按效果付费三大优势。可以说，淘宝直通车已经成为想在淘宝网上获得成功的卖家们的一门必修课。

很多卖家却苦于直通车使用不得要领，每每花了很多资金但推广效果却并不理想。而在费用投入上，从一开始每天将近 1 000 元开始，起初没有掌握方法，效果不佳；而费用又降低到了每天几十元，然而在和淘宝网沟通后，进行了相应的修改和完善，费用现在每天基本上维持在 600 至 800 元左右。而参加单品热卖的时候，每天直通车费用还达到了 5 000 元。但是被直通车推广了的宝贝，只要想来淘宝买这种宝贝的人就能看到，大大提高了宝贝的曝光率，给我们带来更多的潜在客户。而直通的好处还在于，只有想买这种宝贝的人才能看到我们的广告，给我们店铺带来的点击都是有购买意向的点击，带来的客户都是有购买意向的买家。

直通车能给你整个店铺带来人气，虽然你推广的是你单个的宝贝，但很多买家都会进入你的店铺里去看，一个点击带来的可能是几个成交。这种整体连锁反应是直通车推广的最大优势，久而久之，尚客茶品旗舰店的人气自然高起来了。目前，尚客茶品专门安排了一个人员在做直通车的维护与跟踪。每个月的费用投入需要有个良性的预算，高了或许就达不到预期，低了或许业绩更低。一个比率维持着，是很重要的，而持续不断地投入到这个推广中，更是有必要。

在前期，由于投放直通车时，关键词设置不当，造成流量引进较少，没有产生太大的效果。到中期，持续投入直通车，并抓准了直通车关键词时时在变化的规律，流量渐渐引导上来。买家点击产生付费直通车，关键词要有精准性，并且投放设置引导好，渐渐产生更好的推广效果，从而为后期推广带来更好的效益。

淘宝直通车是淘宝推出的一种相当于一些竞价排名的一种搜索竞价模式，是按点击付费的。也就是说，当客户譬如需要男士太阳镜，他在淘宝首页搜索栏输入“男士太阳镜”的时候，就会出现很多相关男士太阳镜的信息，这其中也有你的信息，但如果他只浏览而没点击，那么你是不必付费的。所以，只要你的关键字设置好，那么你就会获得很精准的客户群体。如果你做了淘宝直通车，你的广告会出现在两个地方，一个是淘宝相关搜索页面，另外是雅虎相关搜索页面。自然，您可以自由选择其中的一个投放平台。譬如，你在淘宝首页搜索“茶叶”，接下来点击搜索就会出来一个页面，在页面的右侧就会出现你的广告。右边两个大图就是直通车广告，左边是自然搜索结果。同理，雅虎那边也是一样。接下来就会进入重点，讲到投放时之注意事项：

尚客茶品在做直通车时候，也有和很多卖家一样的感受：苦于淘宝直通车使用不得要领，每每花了很多资金但推广效果却并不理想。并不是说，学会了淘宝直通车的操作方法就是可以用好直通车。直通车使用技巧也是十分重要的。俗话说：“细节决定成败”，这些小的方法和技巧可以让你的推广事半功倍。他们也总结了很多的经验，比如以下几个事项：

注意事项一：投放时间的选定。相信很多卖家都会有量子恒道这个统计工具，进入相应的页面，里面的时段分析一栏里面就会有我们店的访问情况明细，我们分析就可以分几个时间段来投放。而现在使用数据魔方，更是把淘宝的数据分析用到极致，功能性模块的使用更是达到最好的品相。

注意事项之二：产品关键字的选定，这个是做好淘宝直通车的重中之重。每个产品可能有很多关键字的选择，这里选择要遵循以下原则：

1. 太泛的关键字坚决不选。譬如你的某款产品是“铁观音”，那么，你首先排除的就是“清香型”、“韵香型”等之类的，避免不必要的浪费。这样一来，虽然你的流量小了，但是你的流量转化率肯定是提高了的。

2. 在选定一个关键字之前，你可以去淘宝直通车首页竞价词进行查询。下面会出很多搜索结果，然后前面5个的结果都进去看看销量。如果有的好，有的不好，那说明这类产品的销量绝对不是这个词带来的，可以选择放弃或者将排名靠后。如果几个店普遍这款产品销量不错，那么说明是这个关键词带来的，一定要着重投。但不要争第一，考虑到出现淘宝版面第一个靠上，不利于浏览。其次是用户的一个购物习惯一般是货比三家，特别是单价比较高的产品。所以，适当排在第二或者第三。

注意事项之三：推广产品选择。参考标准：

1. 提高人气不赚钱的产品。这种产品往往价格便宜，能吸引顾客，带来流量，进而引发其他产品的购买行为。不宜多，一到两种就好。

2. 主推盈利产品，这种产品一定要慎重设计，性价比要高，要尽量控制每一类产品一到两款就行。

注意事项之四：每日限价金额设定。由于有恶意点击以及其他一些因素，所以有必要对每日消费金额设定。具体前期可以拿出有竞争力主推产品进行尝试，根据检测结果分析设定投入金额。

注意事项五：投放区域选定。这个区域选择参考标准以下几点：

1. 产品地域的适用性。

2. 物流配送的特殊性。

3. 产品在该地区的竞争力。

注意事项之六：由于尚客茶品店有卖铁观音，也有卖花茶；在淘宝直通车上目前“花草茶”，大概最高出价到四块多，然而“袋泡茶”大概两块多。在淘宝首页搜“花草茶”的时候，右边的广告全部是茶叶的。所以，给我们的启发就是，由于这是两种相关性比较强的东西，可能拥有的是一个共同的消费群体。搜花草茶的人看到这个袋泡茶可能也觉得不错，最后导致购买。问了我们身边的朋友以及我们自己，我们也可能会买。所以，某个产品想做直通车但又太热门价格太高的时候，不妨考虑与其有共同消费群体的，并且单次点击价钱相对实惠的去投到首页，效果可能更好。

在尚客茶品刚做直通车时候，淘宝当时已经有好几个大卖家了，几乎垄断了淘宝的茶叶市场。尤其是那前五家的，销路特别的好，每天在直通车上投入上万的广告费。尚客茶品在推广的过程中，学到了很多营销技巧。这些技巧也提供了很好的思路，就是与竞争对手避重就轻的迂回打法；这是尤为关键的一步，也是锻炼你竞价水平的最有效的手段。以极低的成本将广告大范围地覆盖。

很多和茶叶相关的关键字价格竞争已经非常激烈了。当时，淘宝卖茶叶产品的卖家就已经很多了，尚客茶品进入时已经不是黄金时间了。他们就说要必须面对同行的竞争，时刻调整我们的关键字的价格。在讨论着想，怎么能买到一些便宜的关键字呢？思路是这样的：我们卖的花草茶，面对的潜在客户都是女性；而90%的女性都有减肥的这种需求，每个人对减肥的需求只是强烈和不强烈罢了。所以，目标客户就是女性群体。而直通车也是按点击收费的，点击我们广告的人说明对我们的广告有兴趣，没兴趣她也就不会乱点；所以，我们可以把那些只要和女人有关的关键字买下来，说不定效果就能好很多。因为尚客茶品的花茶和袋泡茶有着诸多的功效性，于是把所有的女性的化妆品的品牌关键字都买下来了；价钱既便宜还没竞争对手。因为那些行业的关键字没有卖减肥药的去和我们竞争，都是一些相关的行业的客户在做，而我们的利润很高，所以，我们可以很慷慨地把关键字拉到第一位，所以几乎是没有任何对手。加了一个晚上，甚至女人的美胸、女人美体等关键字都买了。我们的广告展示率大大提高。第二天大获全胜，卖了几十盒。去掉成本，赚了2 000多元。

吴文材还发现了个秘密，在投放广告时，选择宝贝的类目也是相当重要的。比如尚客茶品在选择铁观音、茶叶这些大的类目时，只要你出的价格是最高的，用户在搜索某些关键字时，这个类别里没有竞价的话，那么，系统就会默认选择类目里价格最高的前三名显示。这也是为什么当时淘宝减肥药广告泛滥的原因。比如将铁观音或者茶叶的品牌作为关键字，那么，当用户在淘宝搜索某个产品时，如果是没有人选择这个关键字，那边广告基本上 90% 显示的是我们的袋泡茶广告。这个秘诀绝对是个超级无敌的秘诀，很多人做了很久的直通车都没发现这个秘密。所以说，网络营销是需要敏锐的目光，要对整个行业有深刻的理解，同时要有相关的营销技巧，不断去摸索其中的奥秘，淘宝直通车里的的技巧至今仍然有很多人都不知道。

很多掌柜在使用直通车的时候，为了一个好的宝贝标题而烦恼。那么，宝贝标题该如何设置呢？一大把服装圈为您总结了直通车宝贝标题设置技巧。宝贝标题重在突出产品的卖点，可以包含以下信息：信誉（如果信誉不高的可以用 100%好评）；产品名称、功效或品质；价格优惠低廉； 促销活动（如包邮、买就送等等）。

什么样的标题才算是一个好的标题呢？那就是一句能够体现您宝贝特点的广告语。既然是广告语，那就要做到短小精悍。尚客茶品曾经使用过的标题“冲皇冠 全国包快递 铁观音新茶上市”。“冲皇冠”体现了掌柜进行推广的目的，“全国包快递”让买家知道了促销的内容，“铁观音新茶上市”也体现了宝贝的特点。这样的标题短小精悍，又能吸引人，就是一个好的标题。

直通车搜索的原则是当卖家设置的词和买家搜索的词完全一样的时候，才会展示宝贝的广告。所以说，给宝贝设置竞价词是至关重要的。直接影响到您的推广效果。有的掌柜会问，那我该怎么设置竞价词？设置竞价词的思路是什么呢？

设置竞价词一定要站在买家的角度去考虑。您要买这件宝贝，会用些什么样的词搜索，要把浏览量大的词和浏览量小的词结合起来推广。浏览量大的词排名不要很前面（除非产品很有优势），浏览量小的词一定要排在前面，否则出现的机会就更少了。

如果我是买家，我要搜索这件宝贝要输入哪些关键词呢？第一点，宝贝名称。从您宝贝的名称中提炼出关键词来作为宝贝的竞价词。第二点，宝贝详情里的属性词。宝贝详情是我们在编辑宝贝信息的时候抓取出来的关键信息，也是买家十分关注的，所以说，用宝贝详情里的属性词作为宝贝的竞价词是十分明智的。第三点，名称词和属性词里面的组合词。这些词相对比较精确，买家的购买欲望也十分强。

吴文材说：淘宝成全了很多的中小企业，不能把淘宝简单地看成一个C2C或者B2C的平台。从目前的情况来看，针对淘宝营销不仅仅是个人的事情，企业也可以通过这个大平台给自己的产品找到更好的销路。当然，最关键的是如何进行推广，如何找到自己的产品定位。

淘宝直通车是一件推广利器。但利器既能伤人也能伤己，如果使用不当，就会占用相当多的资金和精力。网店提高人气的灵魂是服务，网店服务质量的好与差决定着一个店铺的前途。推广商品不如推广自己，当你把自己推广出去了，让客户接受你了，同时他也就接受了你的商品。所以，服务才是网店的灵魂。在网店推广活动中，切不可出售一些劣质低价的商品。对于客户的售后服务更是要绝对重视，切不可只关注推广而忽视服务。

三、关于秒杀活动

秒杀是在最短时间内引入大流量的一个方式。它在你的流量报表上，就像突然上升的一个波峰，是否能够让流量随着这个高峰维持住华丽的上升就看各位的本领了。秒杀是由淘宝或者卖家自行组织。商品在特定的时间范围内以活动促销价进行出售，参与活动的购买者需以最快的速度方能成功拍下商品。

秒杀活动所要注意的：

1. 不是通过秒杀审核以后的产品就一定能大卖被秒完。秒杀审核通过后，应该向旺旺好友、QQ好友及各种群内的好友宣传秒杀活动和秒杀产品。

2. 店铺首页应该做更明显的秒杀活动的宣传，让进店的客人都能了解到秒杀活动。

3. 应该在秒杀宝贝的产品描述里做好一些细节工作。比如，产品秒杀前的原价截图及产品正价购买的链接。这样，就让进入秒杀宝贝页面的客人能很清楚地看到此款产品的原价，以及以前购买记录及客人的评价。

4. 有些商品过去认为可能图片不重要。比如护肤品，只要是实物图就够了，重要的是效果，图片就不像衣服或饰品一样那么重要。其实，不管是哪个类目的产品，图片都很重要。漂亮好看的图片直接吸引人点击，也才会吸引人愿意去好好地了解产品的功效及其他。

在这里附送一个经常做秒杀，且聪明地运用秒杀带动套餐（关联）销售的案例。

★案例　让每次秒杀都能爆发出惊人的能量——T400旗舰店金牌秒杀心得

"秒杀"一词在淘宝网上出现的频率应该是最高的。秒杀对于商家来说，给予客人极高的折扣，短时间吸引大量的客流量，迅速增加商品的销售数量。对于客人来说，除了获得超值的商品，还能体会到那种刺激、疯狂的感觉。这种独特的场景，在淘宝网上创造了一个又一个的传奇。但是长时间以来，各种形式的秒杀层出不穷，秒杀活动过多的出现频率，导致大多数的秒杀只是商家营销的噱头，对客人的吸引力也大不如以前。但是，秒杀活动仍然是商家不可弃之的蜜糖。由于各商家操作方式不同，造成的秒杀结果相差巨大。

商城首饰领先品牌T400时尚首饰在操作秒杀活动的时候，每次皆可斩获佳绩，表现不俗，屡创首饰类目销售纪录，成为类目商家当中的佼佼者。T400 时尚首饰经历过两次金牌秒杀，两次都取得了较为理想的效果。

2010 年 3 月份，金牌秒杀单天销售额接近 15 万元，单品秒杀 3 000 余条，创造了首饰类目的销售高峰。2010 年 5 月 12 日，T400 时尚首饰再次创造了首饰类目的新高峰，单品秒杀 900 余条；但是，由于通过其他的营销手段，使店内其他商品同时出现日销售数量井喷，整店销售额单日 16 余万元，明显比上次有了进步。综合两次秒杀的实战过程，T400 时尚首饰总结出金牌秒杀的一些心得。

1. 金牌秒杀，不仅仅是一场秒杀

对 T400 时尚首饰来讲，每次秒杀活动的开展都是对整个公司一种考验。依靠高品质的商品品质和优质的服务，T400 时尚首饰积累了大量的忠实客人。尤须指出的是，作为一个以品牌为先导的公司，除了定期的会员回馈外，T400 时尚首饰不会轻易地进行折扣营销。这也奠定了 T400 时尚首饰秒杀成功的基础——每次秒杀活动，对客人来讲都是超值的、不可错失的“黄金抢购机会”。

对于秒杀活动，T400 时尚首饰都会制订相应的销售目标，除了秒杀单品迅速蹿红外。另外，更注重的是在此次活动获得更多的忠实客户以及后期较高的客人回头率。为了实现既定的目标，在商品的选择、准备、资源整合、后期推广方面都进行了系列的组织策划。也正是在准备充足的情况下，才使整个的秒杀活动忙而不乱。总结来看，只有在自己的思想上有了明确的目标，不仅仅将金牌秒杀当成单一的一场活动，这样才能获得的更多。

俗话说：“机会总是留给有准备的人。”完善的准备是秒杀成功的前提。无论是产品的筛选、包装、宣传素材及发货物流等，都要进行精心的规划。

2. 产品层面：好产品才有好的效果

商品永远是最基础的一环，也是最重要的一环。商品的选择上，千万不要因为秒杀特价就降低产品质量，只有让客户体会到超值的感觉，才能带来更多的忠实客户。不要抱着赚钱的心理去做秒杀，要让客人真正地感受到实惠，让客人有满足的感觉。这样，就算此次秒杀没有达到预期的目标，但是获得了一批忠实的客户，这样比销量重要得多。

T400 时尚首饰选择的秒杀产品，永远是最受欢迎的产品。将一些受到市场充分验证的明星产品选来进行活动，产品的价格优势明显，性价比较高，容易使客人产生好感并进一步接受。

一花开放不是春。仅仅是一个商品的秒杀，可能会流失一些对此件商品不感兴趣的客人。鉴于秒杀期间流量巨大，在秒杀的同时，可同期推出其他的秒杀商品，做好相应的关联营销，做好折上折。例如，在秒杀项链的时候，同时推出相应的耳环搭配。这样不仅仅提升了客人的成交，而且促进了更多的商品销售。

需要说明的是，根据秒杀的强度对参与秒杀的商品进行合理的库存规划，根据自己商品折扣及秒杀的强度进行分析思考，就既不会产生较大货物缺口，也不会造成大规模的货物积压，并尽可能让物流体系的效率最大化，误差最小化，迅速将秒杀商品发出。这样，客人在价格方面获得了满足，如果在货物庞大的前提下迅速收到货物，这样客人心中就会对店铺产生了深刻的好感。

商品的大量销售，势必助推退换货率的提升。后期在处理售后问题上，必须在第一时间给客人解决，特价商品同样享受和正价商品一样的售后保障：30 天无条件退换，半年免费维修。这样，客人的购买信心才能被充分保证。

3. 产品卖点挖掘：让客人坚定下单

好酒也怕巷子深。在经过了最基本的准备之后，对商品的营销卖点的提炼就成了重中之重。在对商品的描述中，必须将商品的基本特征进行详细的说明，并在商品描述页面最醒目的地方进行展示，让客人一目了然，充分了解，这样会减轻客服的压力。

如果将秒杀比喻成一场相亲，那么商品的基本特征只是一个商品的外表，还不足以吸引客人的购买欲望，所以就应该赋予商品更多的内涵，对商品卖点予以深度挖掘，给客人更多的购买理由，这样才能更好地让客人下单购买。

T400时尚首饰在对商品进行卖点挖掘的时候，对商品的设计灵感、设计创意图及真人佩戴效果作了充分体现。第二次金牌秒杀的时候，结合母亲节，完美策划开发了一款名为“牵挂”的水晶项链，不仅仅展示了商品的完美特征，而且激发了更多人对亲人的牵挂之情，创下了当天的销售纪录。

在进行了上述一系列的规划之后，核心的推广环节是不能大意的。就算你策划得再完美，如果没有强有力的流量作支撑，秒杀的效果会大打折扣，所以，就要整合一切可以利用的资源，尽可能最大化地宣传、告知。

4. 营销层面：找客户比等客户更重要

最大化地将信息进行告知，并尽可能地找寻目标客户，是推广的核心。在推广的层面来说，就是将可以利用的资源进行整合，发挥最大化的效应。T400时尚首饰在操作秒杀的时候，在秒杀通道带来流量的同时，将可用渠道统统利用，当日店铺流量就可迅速提升。

a）提前释放秒杀活动信息，进行预热

提前释放活动信息，在店铺内进行告知，可以使要进入店铺的更多的受众知晓。客人在收到此信息后可以对身边的朋友进行传播。另一层面，提前告知可以入客的询问。通过客人的询问情况，更能清楚客人的需求，也能暴露出自己的不足，可以给自己一些调整的空间，使商品的描述等更加适合客人的需要，使传达的信息更加精准。

b）老客户信息充分传达

秒杀活动，对于已经认可店铺的老客户是有着巨大吸引力的。如果前期价格一直坚挺，猛地折扣，可以激发很多老客户的热情。对老客户的告知可以采用短信、旺旺留言、邮件等方式告知。要指出的是，短信内容和短信的发送时间请慎重考虑，内容过于平淡，不会吸引客人的兴趣，过于广告可能被屏蔽。发送的时间最好不要在饭点，因为这样客人是不会用心看的。至于旺旺留言，也要把握一个度。在保持信息有效传达的前提下，考虑到客人登录的频率不一致，所以，信息应该提前三天告知。但是不能过于频繁，否则会容易引起客人反感。

c）淘宝客、钻石展位、直通车及其他的付费广告投放

付费广告的投放，是带来流量的最好手段。但是在付费的前提下，一定要有合适的投入产出核算，由于商家的产品特质不同，所以不再赘述。

d）根据自家的实际情况，找寻宣传通络

各家的情况不同，整合的资源也是不同的。T400时尚首饰在进行活动的时候，会和一些与目标客人相近的其他优质商家达成合作关系，互相在店内设置对方的广告位置，这样也能带来不错的流量。

e）后期跟进

秒杀活动结束后，仍旧有强大的余热，这个时候就要制订其他的营销策略，使销量进行保持。另外对大量没有付款的客人进行付款提示，提升销售数量。

其实，整体来看，秒杀活动无非就是一场流量和转化的战斗，所有的工作都是围绕这两点开展。只有将两项工作做透，才能获得秒杀的成功。当然，无论是秒杀还是其他的营销工作，都需要用心地去看待，并尽可能地看得更高、更远，收获的才能更多。

四、关于淘宝客

最新型的推广方式是淘宝客。如果你不知道这个推广方式，你就Out了。淘宝客是帮助淘宝卖家推广商品并按照成交效果获得佣金者（可以是个人或者网站）。

作为淘宝掌柜，淘宝客是必须课；它是判断掌柜的产品营销能力的一个标尺。通过做淘宝客，可以让自己知道怎么去推广产品，在哪里推广，以及什么样的产品具备成为明星产品的可能。在这里，要对一些恶意竞价的店掌柜说声：有你们降的那笔钱，不如拿出来用在淘宝客上，把你所有的利润都让给淘宝客多选几种产品；也当是对自己店铺的产品进行优化，以便明确自己店铺的明星宝贝是哪一类，这就属于小市场范围调查产品。最后拿出你的明星宝贝，不管是直通车、淘客或者是秒杀都可以用上，也就不会造成有浏览量而没成交量。因为推广一件明星宝贝给我们带来的是整个店铺的宝贝成交量的提高，这也就是所谓的人气效应吧。

★案例　小淘客　大推广——茵曼淘客推广

在淘宝联盟的绝大多数推广中，淘宝客推广是绝对的主力。茵曼2010年2月开始参加淘宝客推广，从一无所知，到开始了解淘宝客，整整花了三个多月时间，明白以实际效果促进推广是第一原则。

茵曼主是一个拥有很多网站也有很多站长朋友的人。五一开始，我就在其所有的网站上都挂上茵曼的淘宝客推广。为了有更好的效果，还让朋友的网站也给我挂一个礼拜。在这个形势下，茵曼的账号有了成交，而且数量不少。这时，不是高兴赚到了佣金，而是有了数据，也真正清楚了淘宝客推广的真正含义，这比赚到几百块佣金值得开心。有了数据该干些什么呢，找站长推广！

根据经验，软文推广是最好的方法。茵曼开始第一篇软文推广，软文共投到了 4 个站长集群网站：A5、中国站长网、落伍者、seowhy。第二天，百度搜索发布的软文，相同文章名的就高达几百个收录，要的就是这种效果。当天，从量子统计查看，软文推广起作用了，从淘客联盟进来的人数迅速增加，淘客流量也在开始增加。没几天，流量从 2 500 上升到 4 299。又过了几天，等一个数据——佣金补贴。这时，茵曼刚好在补贴范围，这可是一个很好的推广点。茵曼在一些群上宣传这个佣金补贴，马上很多人问是怎么回事？我认真回答每一个人，但没有刻意去宣传茵曼。因为我的热心，并且经过了一段时间的交流，大家都知道我是推广茵曼的，那些站长很自然地就给一个回礼——帮忙推广茵曼。就这样，到 5 月 31 日，茵曼成交达到历史新高，日成交 73 笔共 7 166.7 元。

进到 6 月，开始对一些站长发送电子邮件，在站长资源上我是很有优势的，认识太多站长了。电子邮件可就很有讲究了，站长都是很讨厌垃圾邮件的，并且还有一个不得不重视的问题，如果垃圾邮件出现了茵曼的信息，那么茵曼的负面信息可能被大量宣传，这对品牌就是一个打击了。

我是把站长分为三类的：第一类，自己认识的站长，对这些站长直接使用自己熟悉的 QQ 邮箱地址。这样不管出现什么情况，这些站长愿意推广的就会推广，不愿意的也不会刻意去诋毁茵曼，因为要给自己面子的。第二类，每日流量大于 2000IP 的网站陌生站长，这类站长一般不使用群发邮件，要直接沟通，也是最难的一类。第三类就是每日 IP 小于 2 000IP 的网站陌生站长，这类站长可以使用邮件群发，但是要在第一类之后，因为要确认邮件的效果。

经过一轮的邮件推广，在 6 月 7 号日成交达 120 笔共 10 431 元。在流量上也在 6 月 8 日突破日流量过万，并且从此来了一个大转折，日流量都保持在 10 000 以上。淘客推广本身就是找站外流量，有了流量自然就会有成交。今天我看了一下我的群，大大小小差不多20个群左右，3个超级群500人的，其他的都是200人的群。真是不算不知道，一算吓一跳，保守估计也有15 000人吧，看来我还是没有很好挖掘起来，这样7月我就有事安排了。

再向大家透露一个诀窍，和站长沟通的诀窍。目的是不会改变的，就是推广店铺。但是怎么做才能做到最好的效果就需要讲究了。首先需要明白，站长是一个网站的主人，99%的个人站长都是有目的的——赚钱。而你就是送钱给他们的人。还有，站长都不是笨蛋，赚钱也不是说说而已。

先说QQ群推广，要加群就太容易了，随便一搜索就一大把。加进一个群后是不是马上向大家宣传你的店铺呢？你可以这样做。不过，可以告诉你的是，这样的效果不会好到哪里去，很多人只会当你的信息是垃圾广告。我一般进到一个群是不怎么说话的，我看别人说话，看别人的对话。有很多人总会问问题，每次别人问问题的时候，我就会插话，我很热心地去帮助那些有问题的人。我原本是做网站开发工作的，又有4年的站长经验，再加上之前自己下的工夫；所以，他们的话题基本上我都能插话，特别是程序一块。有些人不懂，我就会很乐意地去帮忙解决，前提是不花我很多时间，要花很多时间就不值得了。搜集一些软件，基本上，淘宝客喜欢用的软件和程序自己电脑都要保存。这样有人想要的时候，自己就可以发给他们。还有，这些东西都别留后门；这样，时间一长你的威望就高了。特别是我给大家的一种推广方式——结合活动去推广。这可是一个很好的点子啊，每次自己家搞活动的时候就可以出来吼一下，这样就有了曝光度，加上自己积累的威望，看的人就多了。有人看肯定会有人帮忙推广的，长期积累效果就会更好。

再一个就是直接找站长推广，如何搜集站长的联系方法我就不说了。当你要找站长的时候，请先对他的网站做一个大概了解，这样你和他才会有话说。当然了，值得这样去做的网站肯定是要流量高的。找站长直接推广也是要避免广告嫌疑的，只要被人当作广告，你的推广就宣告失败。你要分析这些网站的不足之处，然后你帮他完成不足。比如广告设计搭配，站长可能在这块做不好，那你就针对他的网站给他一个更好的设计。如此一来，站长有好处了，你的目的也同样达到了。

对于佣金一块看情况而定，如果佣金高的就直接说明高佣金，如果低佣金那就突出你家的成交，如都没有那就说明转化率也可以。其实，如果都没有，那你不用推广了。低佣金，低成交，低转化率是我也不会免费推广。

不管用什么方式去推广，请相信自己的店铺，对自己要有信心。也许负责推广的只是一个员工，那就把自己培养成为一个成功的淘宝客，并且你会很有信心地去推广自家的店铺。如果自己都没有信心，那么请改变店铺推广策略；如果自己都没有信心，谈推广只是空话。我自己对茵曼就是非常有信心的，如果时间允许，我自己就可以赚不少佣金。因为自信，茵曼在 6 月份的淘客成交高达 252 541 元，最高日成交是 18 611 元，月成交共 3 058 笔，最高日 234 笔。这个结果是可以让我高兴的，但这不是我的目标，我肯定以后会更好。努力总会有结果，相信自己，成功就在明天！

★案例　SPORTICA（斯波帝卡）男装淘客推广经验分享

在淘宝平台上抑或在淘宝联盟的淘客眼中，SPORTICA（斯波帝卡）是一个熟悉的名词。我们有作为商城男装美式风格类销售第一和淘客推广量第一的品牌的一些经验。

1. 好的产品——好的转化率

SPORTICA（斯波帝卡）从 2007 年开始网络销售，2008 年 3 月进入淘宝，这期间做了很多准备。所以，货源是比较充足的。货源充足是好事，可销产品多产生的另外一个问题是库存也多了；当然，不好销的产品库存就更多了。

每个人都想把自己的库存销售掉，这是我们做销售的目的，这时候我们开始想到做淘客。我们把那些相对不好卖的产品给出高的提成并做主推。结果，还是走不动，而且浪费了流量。因为这事。我们纠结挺长时间了。开始换位思考，觉得那么大的展示率，为什么转化率那么低？

如果我作为消费者，看到相对不好销售的产品，自己购买的欲望有多大呢。这时候才明白过来，我们应该主推好销产品，而不是浪费流量去推相对不好销售的产品。利用部分好的产品带动大部分产品的销售。就改变这一点，转化率就提高 43%。

2. 好的待遇——诱惑的佣金

淘客通过销售有一定收入了，这时候就要考虑收入多还是少的问题。当转化率差不多的时候，淘客考虑的优先级别当然是佣金高的，这样他们的收入也就高了。

淘客通过推广我们的产品得到高性价比收入，大家还会认为淘客不会把我们当成宝；当成主推的吗？主推意味着你的流量有了。

3. 好的推广→淘客互动→好活动配合

在淘宝的大海之中，商家无数，如何让淘客知道你的存在？如何在其中脱颖而出？这就要靠多参与淘客一些互动的活动。对于这些互动，效果不是马上显现的，但是长期而言，还是有比较好的作用的。举个例子，通过某个节日配合淘客那边搞个评选活动。

最后一个，就是需要好的素材，这点做过硬广的相信都有所了解，一个好的素材可以有好几万点击的差别。所以，这点是最基础，但是也是最容易被做淘客的给忽视的一个环节。找对了方法，淘客才会开始主推我们的产品，我们的销售业绩才能增长，淘客的收入也才能增加，我们才会有更好的流量和销售。目前，淘客流量占我们整店流量约 33% 左右，已然成为 SPORTICA（斯波帝卡）网络销售的一支生力军。

第五章 要系统

当商家的销售规模、订单数量增长到一定数量时，系统就显得尤为重要。在这里，不作过多的阐述。IT系统对企业增长的帮助不仅在于电子商务，目前已广泛地存在于任何领域。在这里，应用麦包包对IT系统的看法，供大家参考。

★案例 IT系统对塑造电子商务的重要性 作者：麦包包

随着新商业文明的到来，互联网将是未来全球经济的主题。释放互联网能量的最佳方式就是电子商务（E-Business），其中技术对电子商务公司的发展将起到非常重要的作用。麦包包作为一家电子商务公司，从诞生那天开始就非常注重技术的开发和应用。到目前为止，已经建立了50多个人的软件开发团队以及由4个成员组成的网络管理团队。麦包包自从2007年在淘宝开展业务以来，麦包包的IT系统（特指麦包包独有的M2C系统）也伴随着淘宝平台的技术升级不断发展，大致分为三个阶段。每一个新的阶段都给麦包包业务的发展，带来了新的突破。

第一个阶段：启动M2C系统的研发计划。从2007年入驻淘宝以来，麦包包业务快速发展。为了更好地服务我们的客户，麦包包决定投入大量的资金启动M2C系统的研发计划。在这个阶段，我们只开发了订单管理模块和产品管理。支持订单自动打印，其中在产品管理系统基础上，统一了产品编号，增加了仓库货位号，极大地提升了公司对产品的管理能力。在麦包包发展的前期，这个订单处理系统还可以轻松地处理从淘宝上下来的订单。那个阶段，淘宝尚没有对外开放API接口，麦包包所有库存更新、订单下载都需要通过人工处理方式来处理。然而，随着订单量的不断增加，管理的产品款式越来越多。这种由人工处理的方式，就容易发生订单处理出错，库存更新不及时，令业务发展受到了影响。

第二个阶段：独创的M2C供应链管理系统。2008年，就在麦包包的发展面临困惑的时候，“大淘宝战略”应运而生。淘宝TOP平台对外开放API接口。麦包包作为第一批申请接口成员，经过一段时间紧张的开发，在淘宝店铺和麦包包M2C系统之间实现了订单同步、产品信息同步、库存同步，以及物流发货信息的同步。第一个阶段所面临的种种困惑迎刃而解，在这个阶段M2C系统所带来的价值可以从以下几个方面来讲：

1. 提供高效的订单管理

IT系统的升级，让快速处理订单成为可能。因为有的API接口，可以把淘宝店铺的系统和麦包包M2C系统实行无阻碍的连通，客户在淘宝下单的几秒钟之后，此订单信息就会自动下载到麦包包M2C订单处理系统中。客服中心的同事在M2C系统上进行相应操作后，订单就会传送到M2C财务处理系统进行收款确认，经过客服中心和财务部确认后，订单再自动流转到物流中心进行打印，整个过程只需要几分钟就可以完成。

2. 提供高效的物流管理

订单流传到物流处理中心后，M2C职能配送分析系统会根据送货地址自动选择最合适的物流方式。配货员再根据订单打印系统打印出的订单与物流面单，找出对应货物，通过数量初验、数量复检及重量检验，三道出货检验关进行层层把关。中间任何一个环节出错，M2C系统都会发出报警声。如此便可以把订单发货错误率降低到最低，目前麦包包发货订单错误率在万分之一以下。

3. 提供高效的供应链管理

这个M2C供应链管理系统，有点类似沃尔玛的QR供应链管理系统，即将销售信息、库存信息、生产信息、成本信息等与合作伙伴交流分享。

通过EDI（电子数据交换）把POS（销售时点信息管理）数据传给供应方，不仅能让供应方及时了解企业销售状况，及时调整生产计划和材料采购计划，更可以让企业很好地为进货做准备，同时节省很大的库存空间。当然这样的模式考验的是企业在网络上的反应速度。具体到供应链的管理上，就意味着对麦包包的采购、生产、仓储、物流、管理等各个环节都必须是由网络订单驱动的。一套产品从放到网上展示，到客户下单、采购，再到售出、到物流，速度一定要快。

第三阶段：M2C系统智能化阶段

2010年，随着淘宝量子恒道统计、“淘宝数据魔方”的开放，麦包包M2C系统也进入了智能化处理阶段，让麦包包由“制造”升级到“智造”。

量子恒道统计是淘宝提供的一个统计的工具，可以帮助淘宝店铺统计网上的数据。淘宝数据魔方是通过对淘宝海量数据的过滤分析，进行深入地数据挖掘，让企业了解行业市场发展趋势，洞察市场最新热点，把握先机；时刻掌握竞争对手市场动态，获取第一手的数据，迎合买家购物习惯，扩大市场份额。量子恒道统计的使用，让麦包包掌握麦包包淘宝店铺的页面流量、产品流量、类目浏览量等情况，了解淘宝店铺的经营状况，促销活动效果，以及对结果进行分析。淘宝数据魔方提供的数据，让麦包包随时了解箱包行业动态，分析箱包类销售趋势，以及淘宝客户的购买行为，并促成了热销排行榜、流量排行榜，转换率排行榜、商品监控报表，运营日报表等。为店铺经营决策，提供重要的数据参考。这些数据导入麦包包M2C系统，就可以帮助麦包包建立数据中心，开发出更为成熟的商业智能模型。

随着麦包包M2C商业智能模型的建立、完善，今后这些数据，将可以影响到从采购到研发、生产、仓储、销售、物流、管理等各个环节的运营控制，提升麦包包整个品牌在电子商务上的运用。

从麦包包M2C发展的三个阶段来看，一个成熟完善的IT系统，对电子商务品牌塑造的重要性不言而喻。一般来讲，高效的电子商务平台与企业内部的IT系统，如麦包包这样的M2C系统，都应该是无缝连接的。只有这样才能使市场与客户信息、订单信息、产品和服务的反馈信息通过IT系统的处理分析，及时传递给企业各个环节部门，使IT系统实现理想的订单生产模式，迅速满足客户个性化需求。

目前，电子商务在我国正如日中天。企业既不能盲目“跟风”，也不能观望等待，而是要根据企业实际情况，积极制定战略，整体规划，稳打稳扎，步步为营，把企业完善的IT系统迅速建立起来，以支持电子商务的发展。

第六章　淘品牌——网络创建品牌之魅力

何为淘品牌？在我们淘宝的定义是：生于淘宝商城，长于淘宝商城，主要销售渠道在淘宝商城平台的品牌。一言以蔽之，你在线下还买不到的牌子。

在我们2008年创建淘宝商城的时候，淘品牌这一群体大抵为创业者。他们有着共同的特性，白手起家，项目启动时没有天使投资注入，没有深广的社会人脉资源，甚至没有互联网营销经验。但借助于淘宝商城的平台，它们在不断试错中积累经验，大部分的淘品牌年增长率都超过300%。在2010年夏季，他们中的绝大部分都进入了月销售额的百万俱乐部，还有一部分进入了年销售额5 000万以上，甚至将要过亿，这是这个时代多么有趣和充满魅力的事情。

纵观淘品牌们的成长路径也很类似。从当初销售质优价廉的网货起家，积累用户规模后，靠着建立一个新的网货品牌去反向整合生产和供应链，以保持自己的核心竞争力。和传统的消费品牌相比，互联网浓缩了淘品牌们完成最初原始积累的时间成本和资金成本。传统消费品牌往往通过在各地建立实体渠道、投放广告来获得消费者认知，而借助于淘宝商城的平台，淘品牌们甚至不需要像一些独立互联网品牌一样花大量资金砸广告，凭着质优价廉的商品和优质的服务，就能积累数十万的购买用户，达到数千万元的销售规模。

当然，在不到3年的时间里，大量的淘品牌也仅仅是完成了创业的原始积累，离建立真正的品牌尚有一条漫长的道路，但这个群体的品牌拥有者都有清楚的认识和不断地努力学习。随着销售额的不断壮大，淘品牌们也在尝试着多元化的渠道销售以及大规模的互联网推广，比如大力推广基于淘宝系统的独立的官网（这样可以让企业的后台统一），以及积极发展筹备线下实体店。那些完成了从网货到后台供应链整合、经历了两次蜕变的淘品牌们，正在向着第三代进军，它们在下一阶段最大的挑战是，如何进行市场推广和影响，在消费者心中树立起具有品牌内涵和精准定位的品牌形象，去完成一个可以称之为品牌所要面临的更多的过程。

淘品牌的群体基本上是“80后”，在商业数字的背后，他们崇尚的是“开放、分享、责任、全球化”。他们在一起会开放地分享经验、认知、曾经的焦灼、面临的喜悦。同时，这是非常有责任的一个群体，在玉树的地震灾害中，大家携手的义卖以及捐款，帮助当地的孤儿院完成了重建的任务。值得一提到是摩登小姐的品牌拥有者芳芳（年销售过三千万），在非常危险和缺氧的情况下随行一起去灾区运送物资。在这个群体，看到了他们对待财富的态度，对待社会的责任，对待人生的原则。所以，他们是“开放、分享、责任、全球化”，也祝福他们依托于现在淘宝商城和日本雅虎的合作能完成下一步全球化的梦想！

同时，除了这些白手起家的创业者，客户中还有了越来越多的“贵族后代”。赋予这个头衔给他们，是因为从2010年开始，有些看似在网络上出现的品牌，其实背后是有强大的母公司产业链的支撑。比如，百丽集团推出的网络品牌INNET、帅康电器推出的网络品牌康纳电器。他们拥有完善的后台供应链，他们对行业有深入的了解。他们用大量的资金，为新品牌投入网络广告来夺回过去两年里失去的时间成本，他们也同样为消费者提供是与网络销售、质优价廉的产品。

马云讲过，“我们希望通过阿里人的努力，我们能够让互联网、能够通过电子商务，专注小企业，让全世界所有的企业在平等的、高效的平台上运作。我们期望十年以后，在中国这个土地上，再也看不见民营企业和国有企业之间的区别，看不到外资企业和内资企业的分别，看不到大企业和小企业的区别，我们只希望看到的是诚信经营的企业。我们希望看到的商人再也不是唯利是图的象征，我们希望看到的企业再也不是以追求利润为目的，而是追求社会的效益和公平。我们希望看到自己作为企业家、作为商人，在这个社会里面，承担着和政治家、艺术家、建筑家一样的责任，成为促进社会发展主要的动力之一”。

祝福所有的品牌商，对时代感恩、对未来充满激情，享受新商业文明带来的机遇吧！

攻略 Tips

这些小 Tips 是各种攻略的集锦，辩证看待，因地制宜，合理利用。

加入商城后，通过哪些方式和步骤能提升成交额呢？成交额与各种纬度之间又有怎样的关系。首先从成交额出发，简单做个逻辑分析：

成交额=客单价*成交UV

店铺UV：访问卖家店铺的独立访问者（包含店铺内的商品页面，店铺首页，店铺LIST等页面的UV）

店铺PV：店铺页面的总浏览数（包含店铺内的商品页面，店铺首页，店铺LIST等页面的PV）

IPV：商品详细页面的PV

IPV_UV：浏览过商品详情页面的访问者（独立访问者）

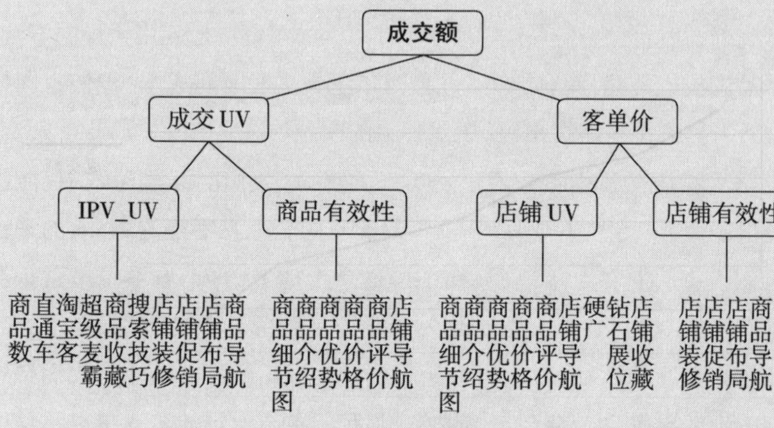

商家重点关注因素

商品细节图　商品介绍　商品优势　商品价格　商品评价　店铺导航　店铺装修　店铺促销　店铺布局　商品导航　商品数　直通车　淘宝客　超级麦霸　商品收藏　搜索技巧　硬广　钻石展位　店铺收藏

很多商家都会问，为什么我的商品没有人看？这还怎么有交易量啊。

今天就给大家引入一个很专业的词—IPV。就是指您店铺单品的点击率，也同时分析一下如何才能提高单品的点击率。

淘宝搜索现状分析——

“淘宝到底是怎排序的？商城是怎么排序的？怎么总看不到我自己的商品呢？”这个是很多商家的疑问。

1. 全网排序。有个很关键点是商品发布时间！据有效分析，全网成交比率从周一到周日以递减的趋势分布（如图）。也就是说一周内，周一的成交额普遍最高。所以建议商家在发布商品的时候可以利用这一点，最优时间为无限接近周一。

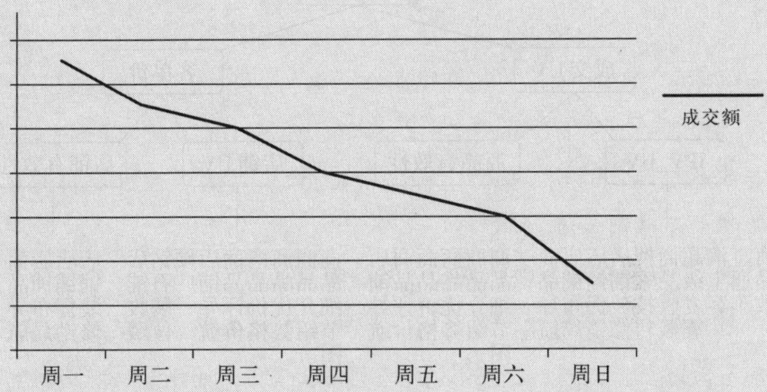

2. 商城排序。跟以下几个因素有关：① 销售单品数、② 销售量、③ 点击量、④ 收藏量、 ⑤ 退换货比率、 ⑥ 评价。根据这几个因素的综合值系统自动排序商品的前后性。

可见，积累单品的销售量是至关重要的一点。我们在编辑商品的时候就需要先做好基础工作。

什么是单品的基础？

标题、价格、图片是关键！针对这三点，您分别点击下面的图片链接，小二整理了以下经验汇总供大家学习。

价格捆住你的买家！

价格是除了质量、性能和款式之外决定买家是否购买的关键因素，卖家在琢磨买家心理的基础上要创造出种种易于买家接受，且能激发消费欲望的价格的表现方式。

一个买家会不会点击您的宝贝，受到三方面的因素影响：**标题、宝贝主图和价格**。下面我们就针对标价来分析一些在淘宝商城中的技巧。

一、价格与店铺的定位

价格不仅是影响买家购买产品的一个关键因素，也是品牌以及产品定位的主导因素。很多商家会错误地认为，在网上购物的买家都是为了购买到便宜的商品而选择淘宝的。其实不然。目前淘宝的店铺平均客单价在购物高峰期时比一般线下商场都要高很多，因此在淘宝的买家，其消费能力还是相当强大的。

所以，**不是所有商家降低利润就能吸引买家**。

那么做自己的价格设置的时候需要考虑什么呢？首先，就是自己的店铺定位以及长久规划，您的店铺是走大众路线？还是高品质路线？

如果是大众路线，您需要了解您的类目下的整体价位是怎样的，在这个平均值上下浮动，保证您产品的价格在平均价位上下浮动，个别单品价格可以低于整体价格当做主打促销产品。

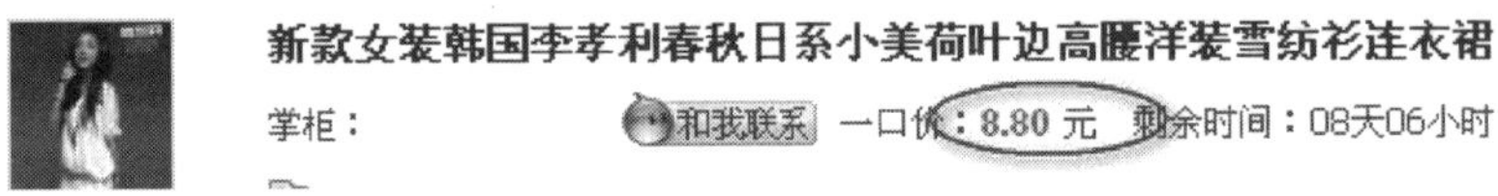

如果是高品质的路线，那么您需要了解您这个产品的消费群体是怎样的？他们的最高消费能力和基本消费能力是怎样？并且抓住这些消费群体购物的出发点是什么？着力重点把握这些要点，修饰性地扩大，让买家注意到您的产品，从而产生购买行为。

二、价格设置的技巧

方案一：错觉折扣——给顾客不一样的感觉

人们总是普遍认为打折的东西质量总是会差一点，这是心理暗示，要打消这种心理暗示，就要让买家觉得我买的这个商品其实是原价的，但是我花了更少的钱买到它了，我赚到了。

具体怎么去操作呢？在淘宝商城中，发布商品的步骤有两步，第一步就是发布产品，在一些类目的产品表单中，可以输入“市场价”，这个价格就是线下的价格市场均价，如果输入之后，前台会自动显示如右图的折扣状况。这对于买家来说就是“赚到了”的感觉。

方案二：一刻千金——让顾客蜂拥而至

“一刻千金”的促销方案就是让买家在规定的时间内自由抢购商品，并以超低价进行销售。比如在你的店铺，每天早上 9 点到 9 点零 5 分之间拍下的宝贝，可以以 5 元的价格成交。这个也就是我们平时说的“秒

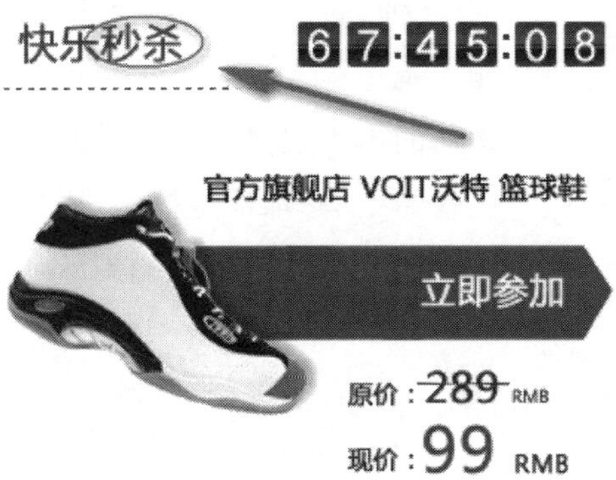

杀”或者“**限时折扣**”。这个促销看似大亏本，但是实际上这一举动给你带来了急剧的人气提升和很多的潜在客户，因为实际上 5 分钟的挑选时间是仓促的，5 分钟之后，客户还是会在你的店里逛的，既然来了总要买点什么，而且那些抢下 5 元特价的客户也可能因为觉得占到了大便宜而购买更多。所以，用这种“千金一刻”吸引顾客的注意，将顾客吸引过来之后，接下来就是让顾客自愿掏腰包了。

方案三：超值一元——舍小取大的促销策略

超值一元，就是在活动期间，顾客可以花一元钱买到平时几十甚至上百元的商品。或许很多人不明白一个问题：这种促销方案不是很让店铺亏本吗？其实不然，从表面上看，这种一元钱的商品确实赚不到钱，但是通过这些商品，店铺吸引了很多的流量，而一个客户如果购买了一件一元商品，那他同时再购买店铺里其他商品的可能性是很大的，因为同样需要一次邮费。而那些进到店铺里来却没有购买一元商品的买家，购买了你店铺里的其他商品的可能性是非常大的，因为他进来了，看到了你其他更多的宝贝。

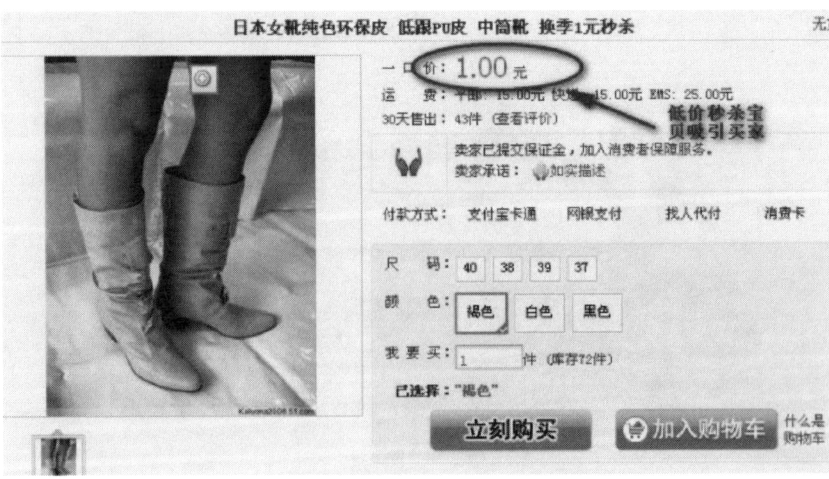

方案四：临界价格——顾客的视觉错误

所谓临界价格，就是在视觉上和感性认识上让人有第一错觉的那个价格，比如，以 100 元为界线，那么临界价格可以设置为 99.99 元或者是 99.90 元，这种临界价格最重要的作用是给买家一个视觉错误，这个商品并没有上百，也只不过是几十块而已。尽管这个促销策略已经被超市、商场用得滥了，但也说明这个方法还仍有效果，我们在实际的操作中，还是可以拿来使用的。如下图：

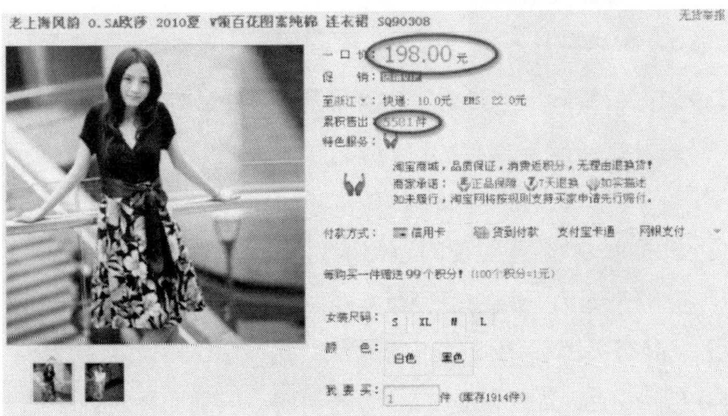

方案五：阶梯价格——让顾客自动着急

所谓阶梯价格，就是商品的价格随着时间的推移出现阶梯式的变化。比如：新品上架第一天按五折销售，第二天 6 折，第三天 7 折，第四天 8 折，第五天 9 折，第六天原价销售。这样给顾客造成一种时间上的紧迫感，越早买越划算，减少买家的犹豫时间，促使他们冲动购物。当然阶梯的方式有很多，店家可以根据自己的实际情况来设定。宗旨就是既吸引客户又不会让店里亏本。

方案六：降价加打折——给顾客双重实惠

降价加打折实际上就是对一件商品既降价，又打折，双重实惠叠加。相比纯粹的打折或者是纯粹的降价，它多了一道弯，但是不要小看这道弯，他对顾客的吸引力是巨大的。第一，对于顾客来说，一次性打折与降价加打折比起来，顾客毫无疑问地会认为后者更便宜。这种心理使得客户丧失原有的判断力，被促销所吸引。第二，对于店铺来说，提高了促销的机动性，提高了因促销而付出的代价。比如以 100 元商品为例，如果直接打 6 折，一件商品就会损失 40 元的利润。但是如果我们先把 100 元的商品降价 10 元，再打 8 折，那么一件商品损失的利润是 28 元。但是买家在感觉上还是后者比较爽。

价格折扣是操作最方便也是**见效最快**的促销方式。掌柜们可以根据上面提到的一些思路，拓展开来，运用到自己的店铺中，一定可以做得更好噢。

三、让商品主图锁住买家眼球

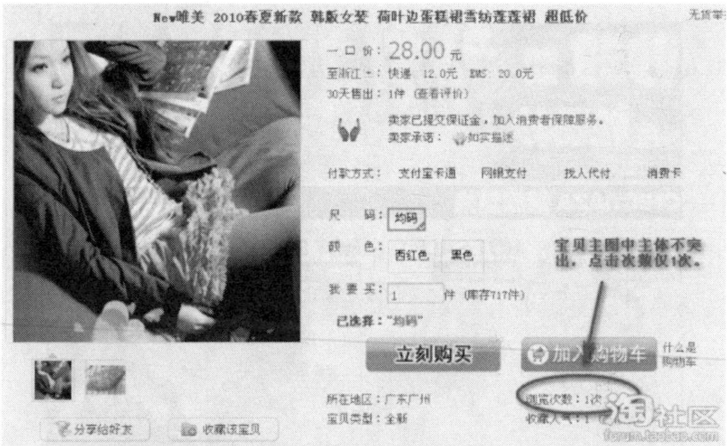

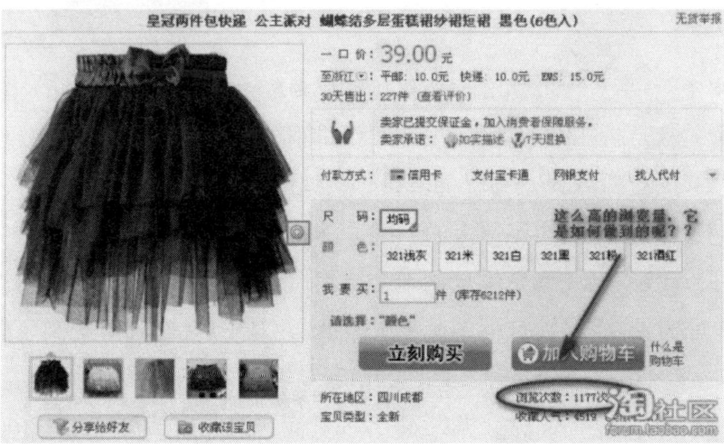

以上两款裙子是通过“**蛋糕裙**”这个关键字在全网搜索出来的商品，点进去，注意两款的浏览次数分别是“1”和“1177”，这是为什么呢？后者是怎么做到的呢？相信商家脑中也蹦出一串问号。

将宝贝通过搜索展现出来之后，买家是否对您的宝贝有兴趣呢？是否能转化一个点击的动作？关键在于宝贝本身是否有诱惑力吸引住买家。淘宝上有上亿的宝贝，您的宝贝能否脱颖而出，抓住买家的眼球，引入您的店铺，从而留住买家，最终形成成交的目的呢？

对买家购买路径进行分析，明白这块关联的重要性以后，不难发现，要达到最终目的，在很大程度上取决于您的宝贝是否有吸引力，宝贝的吸引力取决于主图图片是否能冲击买家的眼球。

众所周知，文字与图像是传递信息的两大基本渠道，各具特色。文字以抽象、联想著称，而图像以直观、形象见长。

在淘宝上购物没有办法面对面沟通，只能通过视觉来作判断，因此买家在第一时间是需要有效的直观的传达信息点。在诸多商品中，吸引买家的宝贝图片往往是清晰、美观的。

例如：

总结一下，我们可以从这些图片中看出一些共同点：

1. 图片突出主题

2. 图片形状为正方形

3. 宝贝占用大部分画面

4. 背景简单、使用单一色

5. 使用全景图，而非局部图

这些您都做到了吗？高质量的图片就这么简单！

但是目前仍然有很多商家会在宝贝主图的设置上出现很严重的问题：

1. 图片没用文字突出主题

没有文字描述，你能判断商家卖的是什么吗？饰品，还是上衣？

2. 图片尺寸不规范

尺寸不规范，影响视觉效果!!!

3. 画面构图没有突出宝贝

这个是卖包的商家，是卖包，还是卖什么？把包包放在了右下角的位置。

4. 背景简单，使用单一色

背景五颜六色，颜色混乱，无法衬托出主体！

5. 使用局部图，而非全景图

商家使用了左边的局部图片，没有把整个熊的全身图如右图作为商品主图。

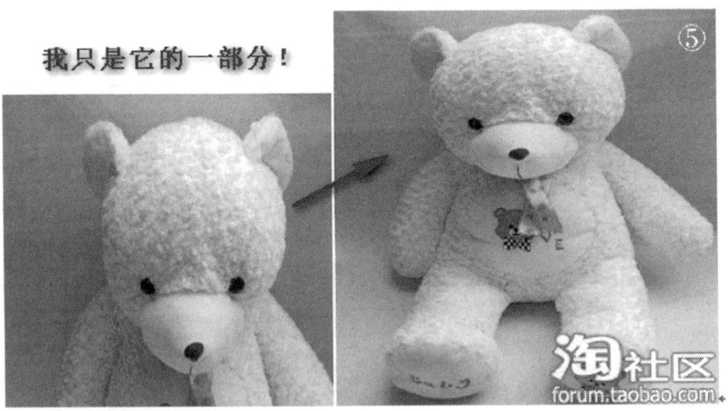

四、优化关键词，提高商品曝光率

任何一个卖家都知道，要想商品能够卖出去，一定得先让商品尽可能展示在前面，也只有展示在前面了，才有可能被买家浏览到，才有可能收藏，才有可能成交；无论对于资深卖家还是新卖家，都是一样的道理。

那么如何让买家搜索到你的宝贝呢？首先就是**产品标题**的设置。

那么，**如何**规范设置关键词呢？请看——

A 基础篇

产品标题的模板和举例说明

品牌+系列名称+男（女）+产品名称+产品货号

服饰，母婴类

举例：名牌衬衫女士最爱 H001

薇可春季紫色梦幻系列女士休闲衬衣 h001

诊断：没有说明品牌以及系列。

珠宝，流行饰品类

举例：超大钻石惊艳浪漫挚爱亲密求婚戒指 H001

玫瑰牌 30 分 vvs 女士钻戒 H001

诊断：形容词性的关键词很多，但是都没有提及产品的关键要点。

运动类

举例：kappa 粉色犀利春装运动服 T 恤卫衣

Kappa HERITAGE 系列女套头卫衣 K2101WT284-510

诊断：品牌以及系列和关键属性都说明了，但是出现了“乱用关键词”的情况，“T 恤”与“卫衣”，定义混乱。

食品保健品

举例：降脂减肥保健阿胶

东阿阿胶 轻身益气延年益寿 500g/ 盒

诊断：使用了禁用关键词“减肥”，并且没有将宝贝“健”字号录入。

注意点：产品标题规范：

1. 产品标题中必须以品牌开头，如耐克 Air Force1 08 新款，格兰仕微波炉 W001 等。
2. 产品标题中不得带有商家信息，如XX专卖等。
3. 产品标题中不得带有促销信息，如特价、让利、好评等。
4. 产品标题中不得带有装饰性的文字或符号。

食品保健品要求：产品标题规范：品牌＋品名＋主要功能＋（规格）。

B运用篇

把和宝贝相关的品牌、颜色、款式、型号、用途、产地、质地、功效、适用人群、流行元素等不同角度的中心词先想出来，和产品中心词两两组合一下，才能尽可能地涵盖各种买家的搜索习惯。

宝贝标题请限定在30个汉字（60个字符）以内。

关于关键词，是在我们商家中最容易被忽视但又是最重要的一点。

首先，说一说淘宝风云榜，http://top.taobao.com/。进入饰品类目，可以看清楚地看到目前TOP50的关键词排名，相比较下，前面的“耳环、项链”等这些词太过热门，对于运营不久的淘宝店相对来说排列在前会困难很多，但其中有一个词“红色　复古　耳坠”这个关键词搜索却呈50%的搜索递增趋势，既然搜索指数这样，于是选择店里的一款商品标题进行修改，修改后的标题为“**施华洛世奇花水晶耳坠　红色　复古　韩国2010新款耳环　情人节礼物**”，当时在2010年1月31日进行标题优化，只针对这一热门搜索指数进行优化；看结果，这是优化之前的浏览量（目前是刚开不久的店，浏览量不多）：

日　　期	浏览量	访客数
2010-01-29	1119	347
2010-01-30	861	352
2010-01-31	1020	371

看一下单个产品优化之后的：

2010-02 数据详细报表　下载　打印

日期	浏览量	访客数
总计	4937	1714
2010 02 01	2470	[illegible]
2010-02-02	2273	[illegible]

再详细看一下该商品的浏览量：

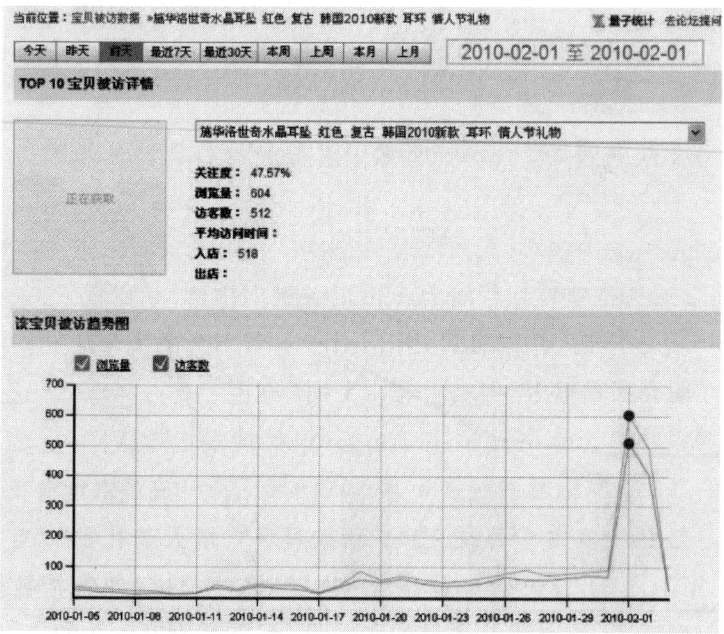

不是直通车烧来的流量哦，看数据：

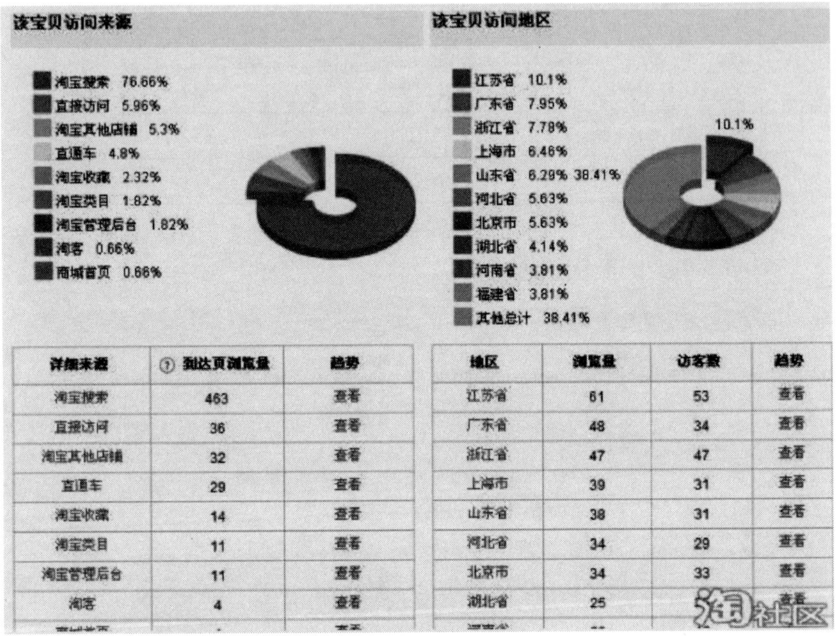

详细来源	到达页浏览量	趋势
淘宝搜索	463	查看
直接访问	36	查看
淘宝其他店铺	32	查看
直通车	29	查看
淘宝收藏	14	查看
淘宝类目	11	查看
淘宝管理后台	11	查看
淘客	4	查看

地区	浏览量	访客数	趋势
江苏省	61	53	查看
广东省	48	34	查看
浙江省	47	47	查看
上海市	39	31	查看
山东省	38	31	查看
河北省	34	29	查看
北京市	34	33	查看
湖北省	25		查看

当然了，流量来了，销售和收藏量也就跟着高了：

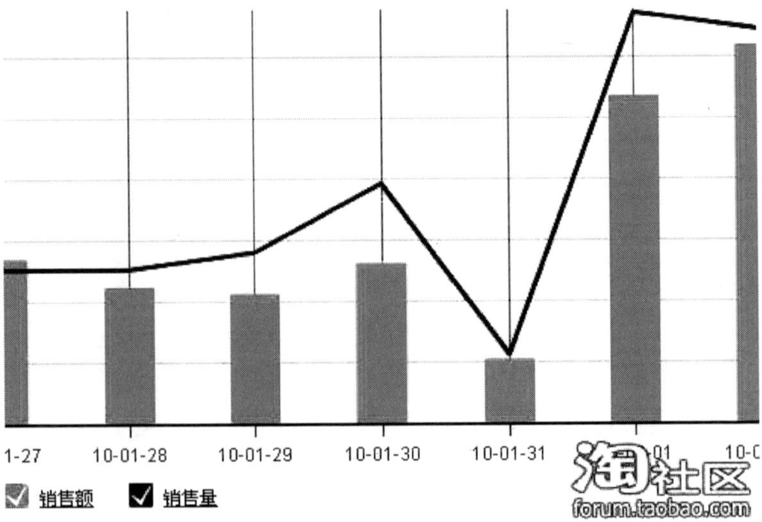

由此可见，优化你的标题，是多么的重要。进入淘宝最基础的就是要从发布宝贝做起，有的时候完美的标题能让你的产品在没有推广工具的前提下，直接通过页面关键词搜索就能脱颖而出！相信只要每一个宝贝都这样用心地去做，在不久的将来你也会成为别人所惊羡的人气商家！

附录二

淘宝商城2008—2010大事记

2008 年

4 月 10 日: 淘宝商城上线。

4 月: 欧莎入驻淘宝商城。

8 月: 麦包包入驻淘宝商城。

2009 年

4 月 16 日: 优衣库官方旗舰店和外部网店同时发布,开店后平均每天销售 2 000 件。

5 月 22日 : 乐扣乐扣陶宝官方旗舰店,当日店铺活动产生 8 000 笔订单 48 万成交额,创造新高峰。

5 月: 淘宝商城一天"秒杀"50 万"五芳斋"粽子。

6 月: 联想官方旗舰店进驻淘宝商城。

6 月: P&G 宝洁进驻淘宝商城。

8 月: 联想旗舰店销售额突破 1 000 万,超过联想官方网站。

9 月底: 淘宝商城秒杀活动,6 天 18 亿人次参与。

9 月 23 日: 淘宝商城支付宝成交额喜破 2 000 万庆典。

9 月份: 阳澄湖大闸蟹进驻商城,尝试产地直销业务。

10 月 15 日: JACKJONES 官方旗舰店开店,尝试提前预售及秒杀新模式,迅速汇集人气,开店三日内即达到日销售 47 万元峰值。

11 月初: 联通官方旗舰店在商城开业。

11 月中旬: 淘宝商城全声 5 折活动,实现单店销售 500 万 / 天。

11 月 11日 : 优衣库官方旗舰店月销售突破 1 000 万。

11 月 30 日: 曲美家具官方旗舰店进驻淘宝商城,开始套装家具网上订制销售。

12 月:《刺陵》淘宝商城开店。

12 月: 淘宝商城秒杀宝马汽车活动,数百万人参与活动。

2010 年

1 月: 迪斯尼官方旗舰店开业。

1 月: F1 赛车官方旗舰店开业。

1 月: 淘宝商城电器城上线。

6 月: 淘宝商城联合央视启动世界杯频道。

跋

润物细无声

沙沙的夏雨，敲打着马路两旁遮天蔽日的悬铃木。雨点儿穿过树叶，渐起水花，湿了路面。坐落在淮海中路上的上海图书馆里，正录制着《淘品牌——网络财富传奇》系列节目的收官之作——论坛。

也是在2009年的夏日，我们推出了第一档关于淘宝网上创业者的故事。到今年的夏天，一共是九档节目、十八位嘉宾的网络财富传奇。这一系列节目，展现他们在互联网、在淘宝商城、在淘品牌这一平台上的财富人生。这一片神奇的土地，不仅是草根们的美丽天空，同样也是成功人士打造品牌的好舞台。

开播已有九年的《财富人生》，对于一个题材、一个主题的系列访谈节目，进行这样的跨年度制作和播出，那是从未有过的。节目得到了观众朋友的欢迎和业内人士的好评。

那年，一个名叫万哥的聋哑人创业的短片，在网上悄然走红，在光天化日下流行。

直到今天，我们仍然清晰地记得那些画面：万哥在电脑上打开他的淘宝旺旺，在烈日下骑着助动车奔走送货。蓝天白云下的钱塘江边，一家三口依偎着，眺望远方……

万哥通过网络改变生活、改变自己的故事，吸引了我们的目光，开启了我们思想的闸。一如他在淘宝商城的名字“落叶之秋”，以这一片叶子，不仅能使人知秋，而且能够知晓秋天之后。

我们要感谢万哥、毕桦菁、宋阿姨、“淘宝网第一美女”李叶，告诉我们能做掌握自己命运的主人。要感谢郭峰把钻石带到以往与贵重商品无缘的网络销售，告诉我们成熟的业态需要共同构建。要感谢2009年销售达到四千万、今年冲向亿元大关的叶海峰，告诉我们蓝海就在眼前……

他们以第一个“吃蟹”的勇气，吃苦耐劳的精神，不断创新且百折不挠的实践；不但打开了一片新天地，同时也显现了榜样的力量。

历史已经证明，一个已经开始与我们共存共生的新商业模式，由此将给人们的生活、生活方式，以及人与人之间关系等等，带来新的影响和变化，进而影响到我们的文化，以至于文明。

作为一档上海地区最早开播、最具影响的大型财经访谈节目，《财富人生》一直关注着社会经济的发展，关注着社会经济中人的变化。尤其是在新媒体蓬勃兴旺、势头强劲的今天，那些极具成长性、富有强大生命力和拥有远大前程，并与大多数人关系密切的新商业模式，我们将予以关注、跟踪和研读。因为这是媒体的责任，这是传媒人的责任。

无论是见证企业和企业家的成长，还是彰显人性的力量；对我们来说，这还只是事情的一个方面。我觉得，更为重要的是，我们要与其共同前行；与他们同命运，共呼吸。惟有这样，我们的节目才能紧贴人生，才能真切地感知时代和社会，才能一路歌声。

好雨是慷慨的，大地是无私的；关键在于自己。但愿那时的你、我、他，都不是一颗干瘪的种子，会在雨中再发芽、开花……

陆　炯

《财富人生》制作人

2010年7月16日

图书在版编目(CIP)数据

20 位成功淘宝卖家/陆炯主编. —上海：上海书店出版社,2012.8
ISBN 978-7-5458-0639-7

Ⅰ.①2… Ⅱ.①陆… Ⅲ.①电子商务—商业经营—经验—中国 Ⅳ.①F724.6

中国版本图书馆 CIP 数据核字(2012)第 148468 号

责任编辑 方 姝
装帧设计 一步设计
技术编辑 丁 多

20 位成功淘宝卖家
陆炯 主编
上海世纪出版股份有限公司
上海书店出版社出版
200001 上海福建中路193号
www.ewen.cc www.shsd.com.cn
上海世纪出版股份有限公司发行中心发行
全国各地书店经销
上海叶大印务发展有限公司印刷
开本 890×1240mm 1/32 印张 8.375 字数 150,000
2012年8月第1版 2012年8月第1次印刷
ISBN 978-7-5458-0639-7/F·16
定价：25.00 元